황푸군관학교
Whampoa Military Academy

The Korean Independence Movement's Base During Japanese Colonial Rule
일제강점기 독립운동 기지

강정애(姜貞愛, Kang Jungae)

1958년 경북 안동에서 출생, 한국방송통신대학 중국어과를 졸업하고, 1991년 한중수교 직전, 특정국가 유학 허가를 받고 중국으로 유학 왔다. 지린성(吉林省) 창춘(長春) 지린대학교와 장쑤성(江蘇省) 쑤저우(蘇州)대학교에서 중국 현대 문학을 전공하고 석박사 학위를 받고, 2001년부터 광둥성 주광저우 총영사관의 행정원으로 근무하다가 2018년 정년퇴직했다. 2009년 광둥성 광저우 황푸군관학교 학생 묘원에서 황푸군관학교 제6기생 김근제와 안태 두 분 지사의 묘비를 발견했다. 이를 계기로 광저우에서 활동한 독립운동가 연구를 시작하고 그들의 활동과 업적이 확인되면 강연이나 탐방을 통해 광저우 교민들에게 소개했다. 이런 연구가 축적되어 2019년 8월 15일, 주광저우 총영사관의 임시정부 수립 100주년 기념 자료집 『중국 화남지역의 한국 독립운동사』를 집필했다. 현재는 중국 광둥성 광저우에서 '우리 역사 교실'을 개설해 광저우에서 진행된 독립운동에 대한 지식을 교민들과 공유하고 유적지 탐방을 진행하고 있다.

"군인의 영혼은 주의(主義)이며 강한 정치적 사상을 가진 군인만이 비로소 국가를 지킬 수 있다," 정치사상이 있어야 누구에게 왜 총을 겨눠야 하는지 명확히 알기 때문이다.

-쑨 원-

Whampoa Military Academy

역사를 세우면 나라가 산다.

-신규식-

1924-2024

일러두기
인명과 지명등 중국에서 사용되는 간체자는 한국 독자의 이해를 돕기위해 번체자로 표기했음.

Whampoa Military Academy
黄埔军校旧址纪念馆

170, Junxiao Road, Changzhou Island, Huangpu District, Guangzhou
广州市黄埔区长洲岛军校路170号

1912년 중화민국 임시대총통 취임시 모습
설립자 쑨원(孫文, 1866~1925) 광둥성 향산(香山, 현中山)출신.
中山(Zhōngshān) ,中山(일본어Nakayama) 등 여러 가명이 있다.

Whampoa Military Academy

校學官軍軍陸

육군군관학교(陸軍軍官學校)는 중국 광둥성 광저우시 황푸도(黃埔島)에 있다. 예전에는 이 학교를 '황푸군관학교' 또는 '육군군관학교' 라고 불렀다.

들어가는 말 · 14

1부. 군관학교 설립 배경 · 19
진리를 찾아 나선 모험 · 20
도를 넘은 중화 우월의식 · 24
아편연기에 찌든 대청제국 · 26
노화한 고대 황실을 폭파하고 새로 짓자. · 32
청나라와 결별, 변발 자르고 양복입다. · 34
우연히 성공한 신해혁명으로 중화민국 수립 · 36
고양이한테 생선맡기듯 대총통직 양위 · 38
중화민국 헌법 수호 · 42
두 달만에 실패한 호법 전쟁 · 44

2부. 삼민주의 재해석 · 49
국공합작으로 세운 군사학교 · 50
부하에게 맞은 뒤통수 · 54
불편한 협력 · 56
국공합작을 앞두고 · 60
군사학교 시찰단 파견 · 62
좌익으로 기운 국공합작 · 64
소련이 보내온 돈과 무기로 · 66

3부. 국공의 협력 · 71
육군군관학교 개교 · 72
교육 내용 · 76
자율적인 사관 정치교육 · 90

황푸군관학교 공산당 특별지부	94
혁명정신이 투철한 제1기생	98
황푸군관학교 교도단	100
불모지 항공분야 개척	102
총보다 강력한 정치사상	104
중국공산당 혁명 군대	108
한국인 입교 특혜	110
농민운동 강습	114
국공을 분리한 중산함 사건	116
깨어진 동상이몽	120

4부. 국공 합작의 결렬 125

중앙군사정치학교	126
북벌전쟁은 조국 해방의 첫 발걸음	128
차오저우 분교	132
공산당이 상하이 시민정부 수립	134
공산당을 숙청한 '청당' 정변	136
황푸군교의 청당	138
우한분교 폐교	142
눈은 눈으로, 공산당의 반격	144
광저우 황푸군관학교 폐교	148
난징중앙육군군관학교	150
청두(成都)본교 시기	152

나가는 말	154
참고문헌	162

들어가는 말

1924년 6월 16일은 광둥성(廣東省) 광저우(廣州) 창저우도(長州島)에 소재했던 황푸군관학교 백주년 기념일이다. 황푸군관학교 구지 기념관은 광저우 교민의 애국기지이다. 군관학교가 설립되고 폐교한 1927년까지 펌프같은 역할을 하는 한국독립운동의 주요 기지였기 때문이다.

나라를 일제에 빼앗기고 군대가 해산된 대한제국의 애국 청년들이 입교했다. 나라가 나를 위해 무엇을 해 줄 것인가는 생각지도 못하고 빼앗긴 나라를 되찾아야 한다는 사명감을 스스로 짊어진 이들이다.

황푸군관학교에 한인이 가장 많았던 시기에는 200여 명이 넘었지만 『황푸군관학교동학록』에는 45명이 남아 있다. 입교 시 중국 국적으로 입학을 하거나 본명 외 가명을 많이 사용해서 확인되지 않기도 하지만 학적을 찾지 못하는 가장 큰 이유는 1927년 4월과 7월, 두 차례 발생한 정변으로 인해 우한으로 집단 전학한 한인 학생의 학적 자료를 분실했기 때문이다.

황푸군관학교는 러시아 혁명 후 수립된 소련의 지원을 받아 국공합작으로 설립했다. 한인 입교생들은 국공합작이라는 학교정책에 따라 공산당 계열이나 국민당 계열에 소속되어 중국혁명에 성실하게 참여했다.

적지 않은 한인들이 황푸군관학교에서 공산주의 영향을 받았지만 공산주의자가 아니다. 국민당과 공산당의 혁명방식은 달랐지만, 중국혁명을 완성하고 항전하여 조국의 독립과 해방 실현이라는 목표는 같았다.

아직 황푸군관학교는 일반인에게 생소하다. 이제 살 만해진 우리는 조국의 독립을 위해 그들이 몰아쉰 거친 숨소리를 찾아 기념한다. 나는 교민들과 황푸군관학교 등 광저우 독립운동유적지 탐방을 주도했다. 이 책은 교민들에게 소개한 내용을 정리해서 황푸군관학교에 대해 간략히 소개한다.

동학록(同學錄)

『황푸군교 동학록』, 1989년 후난출판사 발행

姓名	字号	年龄	籍贯	通讯处
刘...				
曾长民	照先	二四	四川仁寿	四川仁寿富家镇
张英先		二四	湖南耒阳	湖南常耒菱河衡头转义镇野口岭
刘福根	健人	二二	河南南阳	河南南阳县西南陆官营街万全堂
江建宝	义园	二四	广东五华	广东惠州观音阁石坝邮局转
刘源桃	杰人	二五	安徽旌德	安徽旌德县城内南街三号
萧焕国		二一	广东梅县	广东梅县石扇新田小学校
韩承宗	方刚	二一	吉林	汕头松源邮局
刘俊昌	民立	二四	四川成都	四川成都东门街三十四号
张绍曾	子健	二一	江苏句容	江苏句容恒裕号交
韦光信	西康	二一	安徽舒城	安徽舒城明月镇邮转
青丹耀		二二	四川广安	四川广安
段科仁	重输	二四	四川纳溪	四川纳溪城内上街
郝思咏		二二	山西太原	山西太原府北门外向阳镇义和号转
苏国辉		二一	山西阳曲	山西腾枝桃家坝车站孙清安铺沙仙店茶老馆寄
龚国辉	浮刚	二一	浙江醴陵	湖南长沙经武门外输家冲镇复兴公交
游乐智		二一	浙江新建	浙江宁海城内水角菱瑞宅交
王军		二一	广东梅县	汕头新道游定
吴钺	清滨	二一	广东梅县	汕头松源邮局
蒋鹃	中白	二〇	湖南长沙	湖南长沙经武门外输家冲镇西山庄
段明心	春一	二一	江苏泰兴	江苏泰兴镇好恒水茂
张儒和	担者	二二	河南医师	河南医师城泗西银复会公交
郝济民	兑森	二四	河北清苑	河北保定城南郝三堡西输庄
吴忠平	赴判	二四	湖北兴山	湖北兴山南正街文庙对面

姓名	字号	年龄	籍贯	通讯处
姚兆坤		二四	江苏上海	江苏南翔
金毓升	雄飞	二三	北平	北平前门内询投
揭秉炜		二〇	江西赣县	江西南丰
蔡声炜		二一	江西赣县	江西赣县府管卷太守第
张开翼	奋衢	二一	山东临清	山东临清马市口
刘云祥 [5]	志青	二一	吉林依兰	吉林依兰
张涟	慕周	二四	湖南宁远	湖南宁远县纸卷十六号
欧阳佑	庶城	二三	湖北麻城	湖北麻城峻华镇大南门太乙门
潘竟生	遂存	二五	浙江宁波	浙江宁波江东
邢福瑞	竟民	二五	安徽滁县	安徽滁县城北姜明记
乐遥翔	天镶	二五	广东博罗	广东博罗李家角二号
姜家瑞		二一	浙江海门	浙江海门北岸康分转岭岭冲
王吉祥		二一	湖南长沙	湖南长沙羊河街三号姚万和特临北乡胡家祥
李正滨	凤鸣	二四	湖南长沙	湖南合江酒福宝场邮局
张铁城	国咸	二一	江苏盐城	盐城城下街胡星卷
胡绍安	佩如	二一	广东博罗	广东博罗李家角二号
李昂		二一	四川合江	四川合江福宝场邮局
姚竟裹	相如	二一	四川古蔺	四川古蔺县师府胡同六号
曹雄飞		二一	湖南长沙	湖南湘乡七都家堤庆湘一转曹忠信堂
傅隐民	恒康	二一	河北北平	北平东城北师府胡同六号
刘溢华	相如	二一	江苏无锡	江苏无锡安镇
安钟英	琪生	二四	广东琼山	广东琼山县城忠介路一八九号
吴天阶		二五	河北静海	河北静海
刘文涛		二五	河北静海	河北静海县中唯子头村

1부. 군관학교 설립 배경

진리를 찾아 나선 모험

도를 넘은 중화 우월의식

아편연기에 찌든 대청제국

노화한 고대 황실을 폭파하고 새로 짓자.

청나라와 결별, 변발 자르고 양복입다.

우연히 성공한 신해혁명으로 중화민국 수립

고양이한테 생선맡기듯 대총통직 양위

중화민국 헌법 수호

두 달만에 실패한 호법 전쟁

진리를 찾아 나선 모험

쑨원(孫文, 1866~1925)은 중국에서 2천년간 지속된 봉건 군주 제도를 종식하고 민주공화제를 도입한 인물이다. 공화제 시행은 중국만의 문제가 아니라 중국과 처지가 비슷한 아시아의 여러 나라들의 본보기가 되어 위대한 인류의 유산이 되고 우리 나라도 쑨원의 영향으로 민주공화제를 도입했다.

어린 시절 목도한 빈궁한 동포의 불행이 쑨원의 혁명정신으로 발전했다. 자신도 10살이 되어서야 신발을 신어 본 정도로 극빈한 생활을 했다. 가난하고 힘없는 중국 인민은 언제까지 고생해야 하나? 밥도 못먹는 궁핍한 동포의 탄식과 울음소리, 신발도 못신는 중국 아이들, 돈 받고 죄없는 사람을 죄인으로 만드는 불공평한 재판, 국가는 국민의 부르짖음에 대해 무관심하고 국민은 부당하게 학대당하고 어려움에 처했다.

쑨원이 12살이 되던 해, 형이 사업하는 하와이 호놀룰루에 와서 교회학교 이오라니 스쿨(Iorani School)에 입학했다. 영어를 전혀 모르는 쑨원은 처음 10여 일은 수업시간에 그냥 앉아만 있었다. 먼저 수학에 재미를 붙이고, 영어교과서를 읽고 작문도 시작했는데 아주 재빨리 영어를 습득했다. 17세, 이오라니 중학을 졸업할 때, 전교 수석을 차지하여 하와이 왕으로부터 중국서적을 상으로 받았다.

1883년 쑨원은 하와이에서 최고로 손꼽는 오하우 칼리지(Oahu College)에 입학했다. 학과 수업 외 밤에는 교회 기도회와 주일에는 예배와 성경공부에 참가해서 기독교 교리 연구에 많은 심혈을 기울였다. 형이 기독교 수용을 반대해서 고향으로 돌아왔다.

하와이는 문명이 발달하고 질서와 법이 있다. 가지런한 건축물, 깨끗한 거리, 질서있는 사회, 그중 쑨원에게 깊은 인상을 준 것은 우편제도였다. 우편제도는 아주 신기하고 인상깊은 현대 문명이었다. 편지를 써서 받는 사람 주소와 이름을 봉투에 쓰고 우표를 붙여 편지통에 넣기만 하면 고향집에 전달된다.

하와이 사람들은 법률과 제도의 보호를 받으며 잘 사는데 자신의 조국에는 배고픔을 견디지 못한 농민들이 아내를 팔고 아이를 바꾸어 잡아먹을 정도로 열악한 생활고를 견디고 있었다. 도처에 도적과 유랑민으로 전락한 농민과 토비들이 들끓었다. 강도가 들끓고, 법의 보호를 받지 못하고 약탈 당하고 사는 향민을 생각하면 당혹스러웠다.

소년 쑨원이 찾아낸 진리는 부국강병이었다. 정부가 나서서 중국 백성이 가난에서 벗어나 행복하고 따뜻한 삶을 영위하도록 개선해 주기를 바랐으나 정부는 전혀 의도가 없었다. 청왕조 정치는 썩을대로 썩었고 외세에 대처할 외교력과 국력이 없었다. 실권을 장악한 관료사회 전반에는 부정부패가 만연하고 백성에 대한 수탈과 가렴주구가 심각했다.

쑨원은 홍콩에서 의학을 공부하는 한편 중국 실정에 가장 적합한 부국강병의 방법을 모색하고 외국처럼 중국도 신속하게 발전하기를 바랐다. 홍콩 의과대학을 수석 졸업하고 병을 잘 고치는 국수(國手)라는 별명을 얻었다. 의술로써 명성을 떨치고 부와 명예를 누릴 수 있었으나 혼란과 도탄에 빠진 국가 병폐를 치료하기 위해 개인적인 영예를 버리고 험난한 혁명에 투신했다.

18세 쑨원의 모습.

쑨원은 이렇게 회고한다. "내가 철이 들면서 스스로 사고하게 되었을 무렵, 내 머릿속에는 의문이 하나 생겼다. "내가 일평생 이런 환경에 살아야 하는가? 어떻게 이런 환경에서 벗어날 수 있을까?" 중국 농민은 평생 이렇게 곤고하게 살아서는 안 된다. 중국 어린이는 신발을 신어야 하고 옷을 입어야 한다. ……" 어린시절 불우한 환경이 나를 자극했다. "반드시 어떤 다른 진리가 있을 거야. 그 진리를 찾아야 해, 더 이상 흑암 가운데 살아서는 안 돼. ……" "내가 만약 빈농 가정에서 태어나지 않았다면 아마도 이렇게 중대한 민생 문제에 관심을 갖지 못했을 것이다."

도를 넘은 중화 우월의식

1793년, 음력 8월 건륭제의 80세 생일이었다. 영국 전권대사 조지 메카트니(Gerge Macartney, 1737~1806)가 국왕 조지 3세의 친서와 600여 점의 생일 선물을 가지고 중국에 왔다. 영국 사절단은 황제가 내려와 악수하며 손에 입맞추고 환영할 줄 알았는데 중국 관리는 무릎을 꿇고 머리를 조아리고 세 번 절하라는 의례를 요구했다. 영국측은 청나라 속국 신하가 아니라는 이유로 거절했다. 간신히 합의해서 건륭제 뒤에 영국 국왕 초상화를 걸어놓고 한쪽 무릎만 굽히고 손에 입맞춤하는 영국식 의례로 대신했다.

영국은 황제에게 광저우 한 항구만 허용하는 '일구통상(一口通商)' 무역방식을 해제하고 중국 북부의 항구도 개방해서 자유무역을 할 수 있도록 제의했다. 건륭황제는 다음과 같이 영국의 요구를 정중히 거부했다.

"천조(天朝)는 물산이 풍부하여 없는 것이 없다. 원래 오랑캐(外夷, 외국인을 멸시하는 용어)의 물건이 필요하지 않지만 천조에서 생산된 차, 도자기, 실크는 서양 각국과 너희 나라에 필수적인 물건이기 때문에 은혜를 베풀어 마카오에 양행을 개설하여 일용품을 공급해 주고 혜택을 준다. 지금 너희 나라 사절들은 이런 규례를 벗어나 많은 것을 요구하고 있다. 천조는 멀리 있는 자에게까

건륭제(乾隆帝), 1711~1799

지 은혜를 베풀고 주위의 미개국에도 자비를 베푸려고 한다. 영국만 광둥에서 무역하는 것이 아닌데 만약 모든 나라가 속속 이런 나쁜 일을 본받아 어려운 일을 부당하게 요구하면 우리 천조는 어떻게 하는가?"

청왕조는 영국이 선물로 가져온 신식 문물을 공원 화장실에 쌓아놓고 거들떠 보지도 않았다. 건륭제는 영국 사절단의 일체 행동을 금지시키고 다음 달 강제 귀국하도록 조치했다. 10년이 지난 후 영국은 청나라에 방치된 황제 선물용품을 다시 가져가 대영박물관에 전시했다.

1부. 군관학교 설립 배경

아편연기에 찌든 대청제국

대청무역에서 수익을 얻지 못한 영국은 아편을 중국에 판매했다. 영국은 주로 중국산 차(茶), 비단, 도자기를 수입하고 모직품을 수출했다. 중국차(茶)는 영국인들에게 선풍적인 인기를 끌었다. 영국은 엄청난 은을 지불하고 중국 차를 수입했지만 수출품 모직물은 팔리지 않았다. 중국인은 자급자족으로 옷감을 마련했다. 팔리지 않는 영국산 모직품은 광저우 공행 창고에 쌓이고 동인도회사 무역적자는 날로 누적되었다.

중국산 차가 호황을 누리자 영국의 무역 불균형은 깨어지고 무역 편차가 심각했다. 재정 위기를 맞은 동인도회사는 타개책으로 인도 벵골에서 생산하는 아편을 중국에 값싸게 팔았다. 대청제국 사람들은 밤새 아편을 피우고 중국은 연기를 내뿜는 옌관(煙館)으로 변했다. 아편은 상류층부터 하류층까지 전 사회에 보급되어 중국인의 신체를 망가트리고 사회풍기를 문란하게 만들었다.

아편을 둘러싸고 중국과 영국의 갈등이 시작되었다. 아편값으로 지불하는 대량의 은이 거꾸로 중국에서 영국으로 유출되어 청정부는 재정 압박에 시달렸다. 청나라 정부는 수차례 아편 금지령을 반포했지만 소용이 없었다. 황푸 외곽 링딩도(伶仃岛) 광둥무역 선착장에 짐을 내리면 이윤에 눈 먼 중국인 아편상인이 쾌속선을 이용해 아편을 내지로 운반했다. 값비싼 마약을 판매하는 밀수꾼과 폭리를 취하려는 관리들의 비호하에 아편은 광저우 주강(珠江)을 통해 반입되고 지방 무역상인들에 의해 밀무역 형태로 전국으로 유통되었다.

 아편수입을 저지할 수 없게 된 청왕조는 아편무역을 합법화하자는 주장도 거론했지만, 아편 병폐 타개를 위해 고심하던 도광황제는 청렴한 흠차대신 임칙서(林則徐1785~1850)를 광저우에 파견해서 아편엄금론 정책을 실시했다.

 1839년 8월, 광저우에 도착한 임칙서는 먼저 중국인 아편상을 단속했다. 서양상인에게는 아편 밀수 금지 각서를 받고 보유한 아편을 모두 내 놓을 때까지 무력으로 상관을 봉쇄했다. 임칙서는 영국 상인들이 창고에 보관하던 아편 2만 상자를 몰수해서 20일 동안 아편에 석회와 소금을 섞어 중화시킨 후 바다로 흘러 보냈다.

영국동인도회사 아편 창고.

아편판매로 누적된 무역적자를 만회하려던 영국상인은 임칙서의 강경정책으로 인해 아편을 몰수당하고 엄청난 손해를 보았다. 1840년 4월과 5월, 아편전쟁 수행 여부를 영국 국회에서 표결했다. 전쟁 찬성 271표, 전쟁 반대 262표, 불과 몇 표 차이로 영국은 자국 상인의 생명과 재산을 보호하고 국가 이익을 위해 중국과 전쟁을 해야 한다는 찬성쪽으로 결론이 났다.

대청제국은 아편전쟁에서 참패했다. 애국심에 불타는 중국 군인이 눈물겨운 항전을 하고 백성들은 자발적인 저항을 했음에도 불구하고 아편전쟁은 영국의 일방적인 승리로 종결되었다. 1840년 12월, 영국은 홍콩 할양과 아편전쟁 배상금을 요구했다. 청나라는 굴욕적인 난징조약을 체결함으로써 1차 아편전쟁을 종결했다. 1757년부터 광저우 한 항구로 제한되었던 일구통상이 해제되고 5개 항구가 개방되었다. 그동안 광저우 십삼행에서만 진행된 유럽인과의 대외무역도 해제되었다. 대청 무역 독점권은 영국에게 주어졌다.

영국은 대청 무역 독점권을 얻었지만 수익은 얻지 못하고 아편 수출만 호황을 누렸다. 오히려 중국 차 수입이 많아지면서 무역 불균형은 더 심해졌다. 이 형세를 뒤집을 트집거리를 찾던 중 제2차 아편정쟁 빌미가 생겼다. 두 차례 아편전쟁 패배로 인해 청왕조 위신은 곤두박질하고 중화사상에 젖은 오만한 자세는 깨어졌다. 높은 문화를 담당하던 중화제국은 지위와 국권을 상실하고 돌이킬 수 없는 서구 열강의 반식민지로 추락했다. 서구열강은 온갖 불평등한 방법으로 중국 국토를 할거하고 부당한 배상을 요구했다.

중화 우월의식에서 깨어난 청나라는 종이호랑이였다. 청나라는 영국과 아편전쟁, 영·프연합군 침략 전쟁, 프랑스 침략 전쟁, 8국 연합국 침략 전쟁, 갑오 중일전쟁 등 모든 전쟁에서 실패했다. 외교적 안목이 없는 청왕조는 침략자에게 무릎꿇고 수 백 번 양보하며 국가 권익을 두 손에 받들어 바치듯이 열강에 넘겨주었다. 능력없는 조정에는 피폐한 정신과 천박한 꾀와 재주가 꼬리치며 나라를 망쳤다.

대청제국은 세계사조에 적응하지 못한 낙후한 국가로 전락했다. 빈민 농민이나 어민, 무직자들은 집에서 키우는 돼지가 팔리듯, 낮은 가격으로 국외에 팔려 나가 막심한 인권 유린을 당하고 경멸과 학대를 받으며 힘든 막노동에 종사했다. 전쟁 배상금을 마련하기 위해 농민에게는 무거운 세금이 부과되고, 또 값싼 외국 공업 제품이 들어와 수공업자들은 일자리를 잃었다.

동관(東莞) 후먼(虎門) 임칙서(林則徐) 아편소각 기념관

Whampoa Military Academy

노화한 고대 황실을 폭파하고 새로 짓자.

1894년 12월, 쑨원은 광저우에서 개원했다. 병원은 성행했으나, 바쁜 병원 일을 제쳐놓고 고향 집으로 돌아가 당시 중국에서 가장 강력한 권력을 가진 총독 겸 북양 장관 이홍장(李鴻章, 1823~1901)에게 국가를 발전시킬 수 있는 방안으로「이홍장상서(上李博上書)」8천여 자를 썼다. 이홍장이 자신의 글을 읽고 개혁하면 국가의 병폐를 고칠 수 있다고 믿었다.

중국 부국강병 방안에 대한 쑨원의 의견은 이러하다. "유럽이나 미국이 번영하게 된 원인은 강력한 전함이나 무기의 위력이 아니다. 인재의 재능을 최대한 활용했고, 토지와 원자재도 최대한 활용하여 상품을 생산하고 그 상품이 자유롭게 유통되어야 국가가 발전한다. 원활한 유통을 위해 장애물을 제거하고 철도를 건설하고 해운을 개발해야 한다"고 주장하면서 이 점이 곧 "치국의 근본"이라고 이홍장에게 제의했다.

직접 편지를 제출하려고 쑨원은 톈진으로 이홍장을 찾아갔다. 비서로부터 쑨원은 나라 통치법을 아는 20세 의사라는 말을 들은 이홍장은 "그렇게 젊은이가 나라를 통치할 줄 안다고 하니 웃기지 말라"고 대답하고 갑오전쟁으로 군사훈련에 바쁘다는 핑계로 쑨원의 글을 거들떠보지도 않았다.

「이홍장상서(上李博上書)」 쑨원의 친필.

 이홍장과 면담 기회를 얻지 못한 쑨원은 정치 개혁으로 나라를 변화시키겠다는 기대가 사라졌다. 품고 있던 청정부에 대한 한 가닥 희망은 물거품이 되었다.

청나라와 결별, 변발 자르고 양복입다.

 1895년 광서(光緖) 21년, 을미년(乙未年) 10월 26일(음력 9월9일), 쑨원은 청정부 광둥도독부를 전복하려는 첫 무장 쿠데타를 기획했다. 병원을 운영하는 한편 각계각층 사람들을 사귀면서 전투 계획을 세우고 무기와 탄약을 구입하여 준비했으나 기밀이 누설되어 시작도 못하고 실패했다. 주모자 쑨원은 현상금 걸린 수배자가 되어 간신히 홍콩으로 피신해 영국인 변호사를 찾아 자문을 구했다. 변호사는 이런 일은 처음 있는 일이라 정치범에 대한 특별한 규정이 있는지 알 수 없다며 일단 홍콩을 떠나는 것이 안전하다고 조언했다.

 첫 혁명이 실패했지만 쑨원의 의지력은 대단했다. 중국내에서 혁명 시도가 좌절되자 쑨원은 청나라와 결별을 각오하고 변발을 자르고 간편한 옷으로 갈아 입었다. 무작정 일본으로 가서 유학생들에게 눈을 돌렸다. 1904년 일본에 중국 유학생 약 8천여 명 있었다. 1905년 초, 벨기에, 독일, 프랑스 등 유럽을 여행하며 중국 유학생과 혁명적 사상에 대해 자유롭게 이야기 하자 많은 유학생이 혁명의 힘을 느끼고 중국혁명동맹회에 참여했다.

1905년 쑨원이 유럽유학생과 찍은 사진.

  1906년말부터 1911년 4월까지 화중 화남 각지에서 연속적으로 10여회 무장봉기를 일으켰지만 모두 실패했다. 하와이 사업가였던 쑨원의 형 쑨메이는 동생의 혁명을 지원하느라 파산하고 홍콩으로 왔다. 1910년 쑨원의 어머니가 중병에 걸렸을 때. 형은 치료비 1,000홍콩달러 조차 없어 쑨원에게 돈을 빌렸다. 쑨원도 500홍콩 달러를 긁어 모아 보냈다.

우연히 성공한 신해혁명으로 중화민국 수립

 1911년(신해년) 10월 10일, 우창(武昌)에서 추진한 혁명이 우연히 성공했다. 그날 쑨원은 미국 콜로라도주 덴버시에서 혁명자금을 모으기 위해 강연하고 다녔다. 1911년 10월 첫째 토요일, 제일 큰 규모의 화교협회 지공당 총부가 낸 『덴버일보』광고에는 "Dynasty Offer $100,000 for Dr. Sen's Head" 청정부가 10만 미불 현상금을 건 쑨원 머리"라고 강연자를 소개했다. 10월 13일, 쑨원은 시카고에서 우창봉기가 성공했다는 소식을 들었다. 우창혁명이 성공을 했지만 중국으로 돌아갈 경비가 없었다. 몇몇 친구들이 뱃삯 450미불을 조달해 주었다.

 1912년 1월 1일, 쑨원은 임시대총통 취임식에 참가하려고 특별기차를 타고 상하이에서 난징으로 왔다. 차창으로 보이는 도로변에 "공화 만세"를 외치는 사람들이 줄을 이었다. 오후 6시 쯤 난징에 도착했다. 난징성 거리와 골목에도 쑨원을 환영하는 환호성이 넘쳤다. 취임식은 밤 10시에 양강(兩江)총독부 아문, 예전 태평천국 천왕부가 설치된 곳에서 진행했다.

 쑨원은 이렇게 취임 선서를 했다. "만주 전제정부를 전복시키고 중화민국을 공고히 하겠습니다. 국민의 민생과 행복을 도모하고, 민국의 공의를 존중하며, 대중을 위해 충실히 복무하겠습니다. 전제정부를 타도하고 나라에 변란없이 세계 열방이 공인하는 민국이 되도록 임시 대총통직을 충실히 수행할 것을 삼가 국민께 맹세합니다." 취임선서문은 매우 짧지만 중화 5천년 정치사에 있어서 세워진 새로운 이정표가 되었다. '군주제'라는 정치제도가 붕괴되고 국민이 중심이 되는 '민치'라는 생기발랄한 새로운 신기원을 열었다. 중화민국은 이렇게 탄생했다.

난징 임시정부 총통부 직원들.

1911년 중화민국임시대총통 취임후 친구 梅屋에게 보낸 사진.

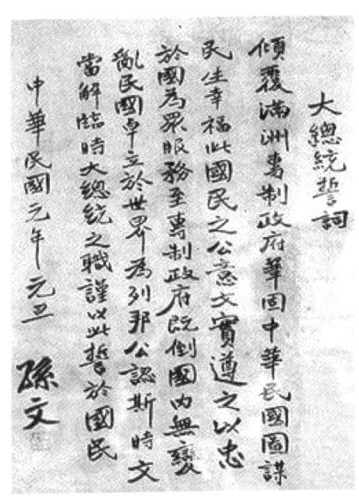

쑨원의 임시대총통 취임 선서.

고양이한테 생선맡기듯 대총통직 양위

쑨원은 대총통에 취임하는 동시에 중대한 결단을 내려야 했다. 북양군벌 실권자 위안스카이는 많은 군대와 신식 무기를 보유하고 있다. 지방에도 독자적인 군벌들이 군대를 가지고 자신들의 지반을 굳히고 있다. 이에 비하면 갓 수립된 중화민국 임시정부는 군사, 외교, 등 어디를 보아도 청조를 대신해 광대한 중국 전역을 통치하기에는 무리였다. 재정도 너무 궁핍하다. 더구나 전쟁이나 내란이라도 일어나 외국 열강이 개입하면 혁명군이 대응하기에는 더욱 역부족이다.

위안스카이가 선통제를 퇴위시키고, 청나라 조정을 종결하고, 공화국 제도를 수용한다고 약속만 하면 대총통직을 양위하기로 마음먹었다. 위안스카이는 근본적으로 혁명을 반대하는 야심가였다. 도리대로라면 청나라 봉건왕조를 타도하는 영광스럽고 정의로운 일을 광명정대하게 행동할 수 있었다. 그러나 위안스카이에게는 드러내지 않은 야심이 있었다. 청나라 정부를 타도하고 자신이 정권을 장악하겠다는 속셈을 품고 쑨원의 제안을 받아들였다. 제국주의 국가들은 위안스카이를 전적으로 지지하고 중화민국 임시정부를 승인하지 않았다. 혁명당인들은 국가 통치 경험이 부족하다는 이유이다. 쑨원은 혁명으로 중국인들에게 선진적인 제도를 마련해 주었지만 혁명은 요술방망이처럼 즉각적인 변화를 가져오지 못했다.

쑨원은 약속대로 참의원에 사직서를 제출하고 위안스카이에게 임시대총통직을 양위했지만 2천년 군주제를 전통적으로 실시하던 나라에 도입된 선진적인 공화제는 갑자기 새로운 질서를 창조할 수 없었다. 변발을 시행했으나 농촌에서는 군이 깍지 않는 사람이 많았다. 혁명에 별 흥미가 없는 신사, 상인, 평민들이 대부분이며 이들은 혁명이 닥쳐 오니 "no" 라고 말할 힘이 없어 그저 응대할 뿐이었다. 일부 사람들 눈에는 혁명당도 토비와 구별이 없는 반란군으로 보였다. 사실 자유, 민주, 문명은 중국인과 상당히 거리가 멀었다.

위안스카이는 황제에 즉위하려는 꿈을 꾸었다. 1914년 12월, 엉뚱하게도 유교를 숭상하자는 운동을 퍼트리는데 그 이면에는 유교를 나라의 이념으로 삼아 구황제 체제를 부활시키고 자신이 황제가 되려는 속셈이 있었다. 12월 23일, 거대한 규모의 제사도 지냈다. 중화민국 약법을 폐지하고 황제 제도를 복원했다. 법률을 경시하며 사회 도덕을 어지럽히고 선량한 사람을 참살하는 죄악을 저질렀다. 국민은 그의 권모술수를 깨닫지 못해 위안스카이 죄악은 더욱 성행했다. 백성들은 정객과 군벌에 의해 항상 혼란했고 도탄에 빠져 허덕였다. 중화민국은 개국했지만 정국을 통제할 중앙 권력이 없었다.

북양군벌은 명목상 베이징 정부 통제하에 있었지만 북양군대를 지휘할만한 지도자가 없었다. 위안스카이가 죽자 군벌들은 빈자리를 놓고 물어뜯고 싸웠다. 군벌 다툼 시대가 전개되었다. 크게는 안휘계, 직예계, 봉계로 분리되고 약 10여명의 군벌이 각축전을 벌였다. 서구열강은 쑨원에게 눈길을 주지 않고 베이징 지도자들만 상대했다.

위안스카이에게 대총통직을 양위한 쑨원은 민생 시찰에 나섰다. 장자계(張家界)기차역에서 수행원들과 기념 사진

1913년 10월 10일, 위안스카이 대총통 취임 후 각국 사절단과 기념사진.

위안스카이가 천단에서 제사지내는 장면.

1부. 군관학교 설립 배경

중화민국 헌법 수호

쑨원의 타도대상은 군주제의 잔악과 봉건적 군벌이며 민주국가의 이상은 안개속에서 보일락말락 하지만 보이지 않았다. 민국을 바로 세우고 공화제를 회복하는 유일한 방법은 위안스카이가 폐지한 「임시약법」을 회복하고 해산된 국회를 소집하는 것이다. 약법은 중화민국을 세운 헌법이다. 약법이 폐기되면 수십 년간 투쟁한 혁명 성과가 모두 물거품이 된다. 대다수 민심은 공화를 찬미하고 민국이 충성스럽게 약법을 실행하며 그 서약을 명백히 지키기를 기대했다.

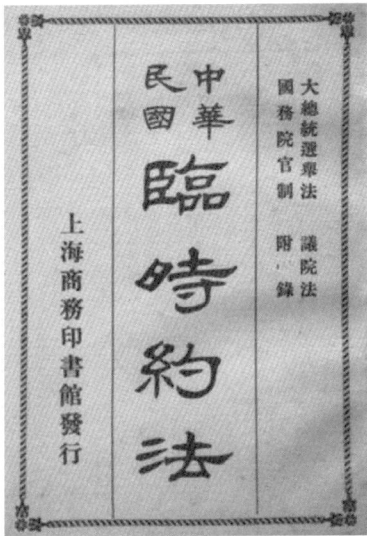

상하이 상무인서관에서 발행한 임시약법 표지.

두 달만에 실패한 호법 전쟁

 군벌의 관점에서 보면 호법전쟁은 북양군벌이 항거하는 남방군벌을 무력으로 통일하려는 전쟁이다. 위안스카이는 총통이 된 후 국회를 해산하고 임시약법을 폐기하고 공자를 존경하고 복고 역류를 대대적으로 실시했다. 당시 소수의 혁명당원들은 위안스카이가 황제로 등극하려는 야심을 눈치챘지만 대다수 위안스카이가 만들어낸 정치분위기속에서 진면목을 분간할 수 없었지만 쑨원은 위안스카이의 속심을 알았다.

 위안스카이는 역사를 뒤로 돌리고 죽었다. 공금을 남용하고, 인재를 모살하여 국가를 위험한 경지에 빠트렸다. 들판에는 굶어 죽은 시체들이 내동개쳐 있다. 수만 가정이 울고 있는데 막대한 경비를 낭비하며 제사의식을 거행한다. 왕관을 쓴 한 사람 마음에 "공화"라는 두 글자가 없었다. 혁명당원들은 위안스카이를 대인대의로 대했는데 그는 큰 잘못을 저지르고 있다.

 쑨원은 날로 막강해지는 국민당과 혁명 통일전선을 만들기 위해 광저우에 북양군벌에 대항하는 남방정부를 세웠으나 두달만에 실패했다. 1921년 5월 5일, 쑨원은 광저우에 중화민국 정부를 수립하고 임시대통령에 취임했다. 임시대총통직에 취임한 쑨원의 첫번째 과제는 군벌 제거이다. 쑨원은 곧바로 호법(護法) 목적을 달성하기 위해 무력으로 북양 정부와 대항하고자 국회에 '북벌

안'(北伐案)을 제출하여 이를 통과시켰다. 쑨원의 광둥 귀환은 대단한 환영을 받았다. 1923년 2월, 쑨원은 홍콩 대학에서 자신을 혁명가로 만든 것은 중국의 부패, 홍콩의 평화와 질서, 그리고 홍콩의 좋은 정부였다고 진술하며 아래와 같은 강연을 했다.

 신해혁명으로 청나라를 타도했다. 그럼 어떤 나라를 세울것인가? "…… 의술과 자선사업으로 사람을 돕는 것은 한계가 있다. 만약 그대들이 국가 최고의 권력자라고 생각해 보아라. 정치 세력은 하나의 큰 선이 될 수 있지만 또 하나의 큰 악도 될 수도 있다. 우리 중국 인민은 왜 고통을 받는가? 그것은 청정부가 정치를 제대로 못했기 때문이다. 진정으로 나라를 구하고 사람을 구하려면 반드시 열악한 정부를 제거해야 한다. 그래서 나는 혁명을 해야 한다고 생각하게 되었다. ……" 천년 전제정치를 타도하고 선진적인 제도를 마련했지만 혁명은 즉각적인 변화를 가져오지 못했다. 제도 변혁뿐 아니라 수천년간 지속된 역사관, 문화, 계급 등 전통적인 의식구조는 그대로였다. 2천년 전제정치가 빠져 나가고 어수선하고 혼란한 가운데 세워진 민국은 늘 위기에 봉착했다.

"의술은 사람을 살리고 실업은 백성을 구제하여 부국강병에 이른다", "상업과 산업으로 잘 사는 나라를 건설해야 한다" 중국 국력은 너무 약하다. 국력이 강하면 화교들도 해외에서 무시당하지 않고 허리를 펼 수 있다. 그러나 중국 관리들은 부패한 나라를 등에 업고 퇴폐적인 방법으로 사업을 경영하여 백성들이 고생하고 있었다.

1921년 5월 중화민국 임시대총통 취임식 기념사진.

홍콩대학에서 강연후 학생들과 기념 사진.

2부. 삼민주의 재해석

국공합작으로 세운 군사학교
부하에게 맞은 뒤통수
불편한 협력
국공합작을 앞두고
군사학교 시찰단 파견
좌익으로 기운 국공합작
소련이 보내온 돈과 무기로

국공합작으로 세운 군사학교

1921년 5월, 임시대총통에 취임한 쑨원이 북벌 전쟁을 준비하며 12월, 광시(廣西) 구이린(桂林)에 체류할 때였다. 중국공산당 제1차 대표대회에 참여하러 중국에 온 공산국제 대표 마린(馬林, 1883~1942)이 장타이뢰이(张太雷, 1898~1927)를 통역으로 데리고 쑨원을 찾아왔다.

러시아 혁명으로 수립된 신생국 소련은 외교적 고립을 타개하기 위해 중국 군벌과 협력하기를 원했다. 그러나 군벌 배후에는 일본이 있고 중국인들은 소련과 협력을 원하지 않았다. 마린은 혁명군 정부의 대표 쑨원을 찾아와 중·소 협력을 요청했다.

쑨원은 혁명을 시작한 후 20여 년 동안 십여 차례 봉기를 일으켰으나 매번 실패했다. 마린은 군대가 없이는 혁명을 성공적으로 수행할 수 없다고 충고하며 혁명 군인을 양성하라고 제의했다. 쑨원은 돈이 없었다. 마린은 쑨원이 원하면 소련 측에서 군관학교 건립을 위한 경비를 지원할 수 있다는 뜻을 전했다.

쑨원과 공산국제 대표 마린의 회담 구지, 구이린 정왕실부(靖王王府)내 세워진 '손중산선생 체류지 표지석.

그때까지만 해도 자신의 삼민주의 [민족民族, 민권民權, 민생民生]와 공산주의는 서로 맞지 않다는 생각 때문에 쑨원은 소련과 협력한다는 결단을 과감히 내리지 못했다. 그러나 자신도 군인을 양성해서 군대를 보유할 수 있다는 가능성에 흥미를 느끼고 구이린 리강(漓江) 부두에 쭈그리고 앉아 마린과 말고기 국수를 맛있게 먹으면서 군사학교 설립 문제를 논의했다.

마린은 군사학교를 운영하려면 확고한 지반과 안정된 재정수입이 있어야 하는데 적은 경비로 운영하려면 기존의 군벌이 운영하는 군사학교에 정치 과목을 추가해서 군사 정치학교로 운영하라고 제의했다.

쑨원은 군벌들이 입으로는 사상과 가치관을 주장하지만, 마음에는 돈 벌 생각뿐이라는 것을 잘 알고 있기 때문에 단호하게 거절했다.

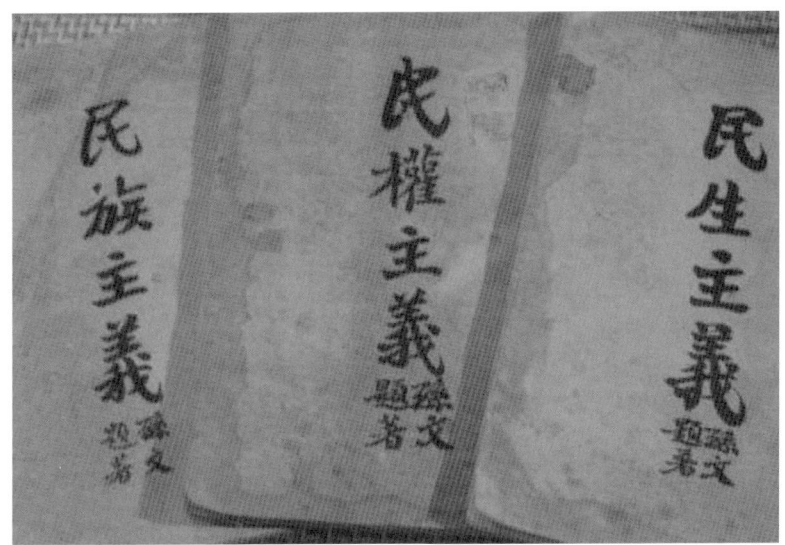

쑨원의 친필 삼민주의

삼민주의

민족주의(民族主義)
민권주의(民權主義)
민생주의(民生主義)

부하에게 맞은 뒤통수

1922년 6월, 쑨원이 임시 총통에 취임하고 막 1년이 지났을 때였다. 자신의 직속 부하이자 십년지기 혁명동지인 천중밍(陣炯明, 1878~1933)이 배신을 하고 정변을 일으켰다.

천중밍은 광둥 성장이자 광둥군 총사령이었다. 중국에는 전국적인 공화제도가 부적합하니 연성자치제(聯省自治制)를 실시하자고 권고했으나 쑨원은 자신의 뜻을 굽히지 않았다.

6월 22일, 천중밍은 군인 4천 명을 동원해서 총통부와 관저를 초토화하고 쑨원을 쫓아냈다. 쑨원은 왕진 의사로 변장해 관저를 벗어나 간신히 목숨은 건졌으나 훗날 회고하기를 그의 혁명 생애에 있어서 봉착한 가장 급박하고 위험한 순간이었다고 회고했다.

쑨원은 주강(珠江)변에서 소형 어선을 빌어타고 황푸에 정박한 영풍함(永豊艦)으로 도피했다. 장제스를 선상으로 불러 54일간 천중밍을 타도하려 했으나 역부족이어서 상하이로 물러났다.

Whampoa Military Academy

쑨원 조난 1주년 기념사진, 1923년 광저우로 귀환해 자신이 피신한 융풍함에서 찍었다.

불편한 협력

 1923년 1월 26일, 발표된 쑨원과 소비에트 러시아 대표 요페(Joffe, 1883~1927)의 선언문에는 "중국의 가장 긴박하고 시급한 문제는 중화민국 통일의 성공과 완전한 민족 독립의 달성이다. "…… 이 거대한 사업은 소련 국민의 따뜻한 공감을 얻어야 하며, 소련 국가의 원조에 의존해야 한다. ……"라고 언급했다. 같은 날, 쑨원은 「평화통일선언」을 발표했다.

 1923년 1월, 쑨원이 상하이에 체류하면서 광저우 정권 탈환을 모색하고 있을 때, 마린과 소련 전권대사 요페가 찾아왔다. 이들은 쑨원에게 소련의 혁명 경험, 대중 동원 방법, 혁명군대 건립 등 자신들이 사회주의 정권을 수립하게 된 과정을 자세히 일러주었다. 만약 쑨원이 동의하면 소련이 군사물자와 훈련관을 원조할 수 있으며 이들을 이용해 군사학교를 설립하라고 제의했다.

 자신의 처지가 궁지에 몰린 쑨원은 공산주의자들이 강조하는 반제국주의와 대중운동을 자신의 삼민주의 사상과 통합하는 것도 유용하다고 인지했다. 소련과 같은 군사학교를 세워 민주혁명에 대한 확고한 정신자세를 겸비한 혁명군사 지휘관을 배출한다면 제국주의와 매국 군벌을 타도할 수 있고, 또 통일된 근대국가도 수립할 수 있다는 확신이 생겼다.

요페와 쑨원의 협력을 보도하는 신문

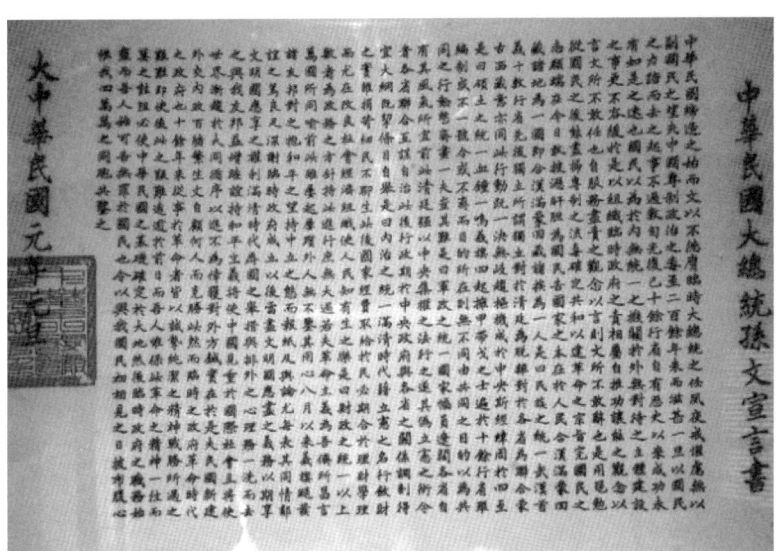

중화민국 총통 쑨원 선언서

쑨원은 소련과 협력은 하지만 공산 조직이나 소비에트 제도를 중국에 도입할 수 없다고 분명히 선을 그었다. 요페는 자립하려는 모든 나라를 돕는다면서 쑨원이 중국혁명을 완수하고 군벌을 타도할 수 있도록 동정적인 지원을 할 뿐이라고 했다. 그러나 코민테른의 숨겨진 목표는 중국에 공산주의를 발전시켜 국민당내에 전략적인 위치를 차지하고 나아가 궁극적으로는 국민당에 대한 통치권을 장악하는 것이었다.

1923년 1월 26일 '쑨원·요페 선언'이 발표되었다. 소련 군사위원회 측에서 군사학교 건립을 위해 2백만 루블을 지원하겠다고 약속했다. 쑨원은 경비와 무기 외 군사를 훈련하고 정치적인 업무를 지도할 고문도 파견해 달라고 특별히 요청했다.

1923년 쑨원의 모습

국공합작을 앞두고

국민당은 공산당과 합작할 수 있도록 국민당 정부를 개조했다. 소련 공산당의 지도를 받는 중국 공산당 핵심 간부가 개인 자격으로 중국국민당에 가입할 수 있도록 제도를 변경했다.

1923년 6월, 공산당은 광저우에서 제3차 전국 대표대회를 개최했다. 국민당이 합작을 한다고 하니 향후 어떻게 국민당과 협력할지 토의하는 회의이다.

중국공산당 제3차 대표대회 표지석

중국공산당제3차대표대회 구지, 1938년 폭파되고 현재 기저만 보존하고 있다. 광저우시 웨수구(越秀區) 쉬구웬로 (恤孤院路) 3号

군사학교 시찰단 파견

1923년 8월, 쑨원은 바오딩(保定) 군사학교와 일본 사관학교를 졸업한 장제스를 대표로 "손일선(孫逸仙) 박사대표단"을 구성해 소련으로 파견했다. 이들은 3개월 동안 소련의 군용 화학학교, 고급 사격학교, 공군, 해군, 군사학교 등을 시찰하고 11월 중국으로 돌아왔다.

장제스가 소련공산당 중앙 서기를 만나 군사학교 설립 문제에 관해 담판하는 동안 광저우에서는 랴오중카이(廖仲愷, 1877~1925) 등 국민당 위원들은 국외에서 귀국하는 국민당원 청년 자제를 장차 건립할 군사학교에 입교시켜 국민당 군사 지도자로 양성해서 공화정을 옹호하기로 협의했다.

쑨원은 이런 결정을 바탕으로 군관학교를 몇 개 더 설립하면 5~10만 명 정도 군사지도자를 배출할 것으로 보였다. 군사적 정치적 수양을 갖추고 국민당 지도에 복종하는 군관을 양성할 일이 코앞에 다가왔다.

Whampoa Military Academy

장제스 교장실 황푸군관학교 구지 기념관

장제스와 쑨원

좌익으로 기운 국공합작

1924년 1월 20~30일간 광저우에서 국민당 제1차 전국 대표대회가 개최되었다. 쑨원은 이 회의에서 소련과 연합하고[연아(聯俄)], 공산당을 수용하며[연공(聯共)], 노동자와 농민을 지원한다는[부조농공(扶助農工)] 국공합작을 선포했다. 국공합작 정책을 실행하려면 국민당 정부도 개조해야 하지만 자신이 주장한 삼민주의에 대한 해석도 수정해야 한다.

삼민주의에 대한 재해석은 중국 공산당 혁명 강령과 거의 일치했다. 삼민주의를 신삼민주의라고 재해석하고 국공합작을 선포하자 쑨원의 혁명은 좌익으로 급선회했다.

국공합작은 국민당의 정치적 기반이 되어 혁명의 길을 개척하며 새로운 걸음을 성큼 내디뎠다. 그러나 쑨원 사후 신삼민주의 해석에 대해 국민당과 공산당은 각각 상반된 주장을 내세워 논란이 끊이지 않고 분열이 가속화되었다.

국민당 제1차 전국대표대회 장면, 2층 외국인 방청석에 김원봉과 권준 지사가 회의를 방청했다.

국민당 제1차 전국대표대회 개최지 국립광동대학 구지, 광저우시 원밍로文明路 215호, 현 루쉰魯迅기념관

소련이 보내온 돈과 무기로

1924년 1월 25일, 소련 고문 4명이 광저우에 도착했다. 이들은 군관학교 설립을 구체적으로 진행하고, 레닌과 스탈린은 군관학교 건립 경비를 오일로 보내왔다.

1924년 3월, 기름을 가득 실은 소련의 대형 유조선이 광저우에 도착하고 오일 판매 금액 300만 위안이 국민당정부에 전달되었다. 블라디보스톡에서 군관학교에서 사용할 총기와 탄약, 군용 기재도 목재선으로 가장한 대형선박에 실어서 보내왔다.

국민당은 창저우도(長洲島)에 오랫동안 방치된 광둥육군소학당을 수리해서 군교 학사를 마련했다. 훈련장, 사무실, 교실, 숙사, 주방, 식당, 창고 등 각 시설이 집결된 공간이다.

숙사, 황푸군관학교 구지 기념관

식당, 황푸군관학교 구지 기념관

황푸군관학교

1924년 설립 당시 황푸군관학교 전경

3부. 국공의 협력

육군군관학교 개교

교육 내용

자율적인 사관정치교육

황푸군관학교 공산당 특별지부

혁명정신이 투철한 제1기생

황푸군관학교 교도단

불모지 항공분야 개척

총보다 강력한 정치사상

중국공산당 혁명 군대

한국인 입교 특혜

농민운동 강습

국공을 분리한 중산함 사건

깨어진 동상이몽

육군군관학교 개교

 군관학교 입교생은 중국국민당 제1차 대표대회에 참석한 국공 대표들을 통해 위탁 방식으로 모집했다. 지방 군벌들은 광저우에 새로운 군사학교가 세워지기를 원하지 않기 때문이다. 군벌의 방해를 막기 위해 입교생을 비밀히 모집했는데도 불구하고 한 달 만에 1,200여 명이 응모했다.

 1924년 3월 27~30일까지 광둥 사범학교에서 제1기생 입교 시험을 치렀다. 시험 과목은 중국어, 원문, 산술, 기하, 삼각, 대수 5과목이었다. 엄격한 전형을 거쳐 애국심과 혁명정신이 충만한 청년 350명과 예비 후보생 120명을 선발했다. 이들을 4개 대대로 편성하고 장제스를 육군군관학교 교장으로, 랴오중카이를 국공당 대표로 선임하여 1924년 5월 5일부터 수업을 시작했다.

 1924년 6월 16일, 황푸군관학교 개교식을 성대하게 거행했다. 주석단에 쑨원 총리 부부와 교장 장제스, 당대표 랴오중카이가 나란히 섰다. 혁명 수행 방법을 가르칠 소련 고문이 앞자리에 학생들과 나란히 섰다. 학생들은 소련식을 본뜬 카키색 군복과 가죽 구두를 착용하고 어깨에는 소련에서 보내 준 보창을 멨다.

육군군관학교 개교식.

중정中正은 장제스의 호이다. 장제스를 기리는 기념관 중정기념관. 대만

쑨원은 "군인의 영혼은 주의(主義)이며 강한 정치적 사상을 가진 군인만이 비로소 국가를 지킬 수 있다,"고 믿었다. 정치사상이 있어야 누구에게 왜 총을 겨눠야 하는지 명확히 알기 때문이다. 개교식 날, "레닌의 성공적인 경험을 귀감으로 삼아 군사지도자 학교를 설립했다. 재능 있는 군인이 되지 말고 고난과 죽음을 두려워하지 않는 혁명군인이 돼라."고 훈화했다.

쑨원이 소련 고문을 위해 베푼 파티.

회의실

교육 내용 [군사 교육 학과]

 교육 내용은 정치 군관으로서의 식견을 갖추는 이론교육과 실제 군사훈련이다. 중점적으로 가르치는 것은 군사 지식뿐 아니라 뚜렷한 목표가 있는 혁명정신이었다. 쑨원의 삼민주의와 마르크스의 공산주의가 동일한 위치를 차지했다.

 제1기 정규 교육 기간은 원래 3년을 계획했으나 교도단을 훈련시킬 간부가 시급해서 6개월로 단축했다. 전쟁이 나면 학생들이 동원되어 각 기마다 교육 기간이 다르다. 오전에는 이론 수업을 했다. 교수부 교관이 학과를 가르쳤다. 자신의 경험을 기초로 정리한 내용을 연구해서 강의하고, 학생들은 필기하면서 학습하고 암송했다. 오후에는 주로 배운 내용대로 야외훈련을 받았다.

보병과 실탄 사격훈련 장면.

기본 군사 지식:

보병조전(步兵操典)

사격교범(射擊規範)

야외근무령(野外勤務令)

4대 과목:

전술(戰術)

병기(兵器)

교통(交通)

축성(築城)

기타: 전술학, 병기학, 교통학, 지형학, 군제학, 축성학, 군대내무규칙, 육군예절, 군대용어, 전술작업, 실지측도(實地測圖) 등 술과(術科), 군사훈련과 실전훈련, 제식교련(制式敎練), 실탄사격, 마술(馬術), 검술, 총검술, 행군, 숙영, 전투연락. 반(班), 배(排), 연(連), 영(營)을 조직해서 전투에 임하는 법을 익혔다.

수업장면.

2기부터 5개 학과(보과, 포과, 공과, 군수물자과, 헌병과)로 나누어 수업하고 필요에 따라 정치과, 기병과, 교통과, 무선전과 등이 증설되었다.

보과(기본 군사지식)

포과(기본 군사지식, 야전포병조전, 야전포병사격교범, 진중 근무, 기마술, 산포, 야포 등)

공과(기본 군사지식, 공병조전, 지형학, 사격교범, 가교교범, 통신교범, 폭파교범, 수로도로교범 등)

군수물자과(군수물자조전, 철도선박자동차운송학, 측도학, 사격교법, 마학마술교범, 응용전술수영법, 운송탄약, 차량검사, 기계조작)

헌병과(육군현행처벌령, 육군경찰학, 국제대요. 정찰학, 포승실습 등)

보병과 훈련장면.

교육 내용 [정치 사상 교육]

 황푸군관학교 설립 목표는 '정치적 식견으로 무장한 군사 지도자'를 양성하는 일이다. 이런 군사 지도자를 배출하려면 군사훈련뿐 아니라 정치 이론교육도 병행해야 했다.

 1~5기생은 정치훈련반 훈련 개요, 삼민주의, 제국주의 해부, 사회발전사, 중국 민족혁명 문제, 제국주의 침략사, 중국 근대 민족 혁명사, 각국 정당 사략, 국민당사 등 과목을 배웠고, 후에 중앙 군사 정치교육 대강, 사회학 개론, 소련 연구, 노동운동, 농민운동, 학생운동 등 26개 과목이 추가로 개설되었다. 내용은 대부분 기본적인 혁명 이론과 혁명에 대한 지식이다.

정치과목 교과서 『政治工作須知』

기초지식교육: 중국 사회 발전 역사를 통해 중국 근대 이후 사회, 정치, 경제 형세 변화에 대해 거시적 지식을 습득하고 이를 기초로 당대 사회 정치 국면과 혁명 형세에 대한 미시적 인식을 제고하고자 했다. 이런 교육을 통해 학생들은 혁명에 대한 내적 동기를 부여하고 혁명 전투 경험을 간접적으로 체험할 수 있었다.

가치관 교육: 삼민주의 교육은 청나라 봉건 통치에 반대하는 정확한 민족의식을 심었다. 불평등 과목에서는 제국주의의 중국 침략 현실을 배우고 만족감정을 유발했으며 마르크스 레닌주의 과목은 10월 혁명의 성공 정신을 가르쳤다. 농민운동, 노동운동, 학생운동 과목은 혁명운동에 동참하는 동기를 부여했다.

규율 교육: 일상생활과 학교생활 기율(학습 태도, 교사 존중, 용모, 청결 암호 소통 등)을 엄격하게 지키게 했다. 학교 설립 목표는 주의건군(主義建軍), 건립당군(建立黨軍)이다. 즉 혁명정신으로 무장한 군을 만들고 당의 지시를 따르는 당군을 육성한다는 뜻이다.

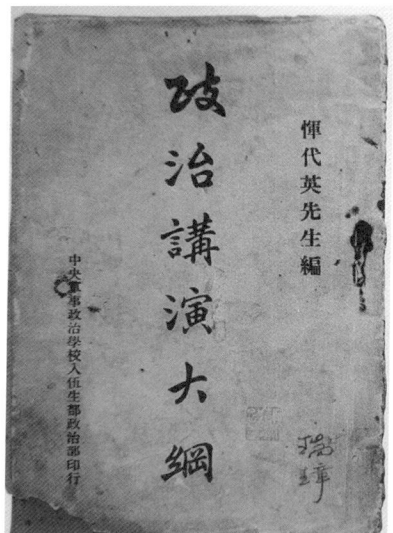
정치과목 교과서 『政治講演大綱』

실내수업 교실

황푸군관학교

교수실

싸움, 무단 외출 등 규율을 어긴 학생들이 처벌받는 징벌방. 계단 아래 삼각형 부분.

Whampoa Military Academy

징벌방 내부

자율적인 사관 정치 교육

 교육방식은 다양했다. 학교 측은 서로 다른 당파의 사상과 이론을 포용하도록 국공 양측의 유명인사를 초청해서 정치강연회를 개최했다. 자유롭게 의견을 발표하는 토론회, 연극단과 선전대, 각종 간행물을 출판해서 전국 각지로 발송도 했다.

문답식 교육: 정치교육은 질의-응답-정리하는 3단계 절차로 진행되었다. 수업 후에 조별 토론회를 하며 배운 내용에 대해 자신의 의견을 자유롭게 발언함으로서 자발적으로 수업에 참여하는 분위기가 조성되었다.

강연회 개최: 정치 강연자는 학교의 주요 대표들과 정치 교육 관계자, 혁명가, 사회 저명인사들이다. 삼민주의 재해석 시간을 이용해 마르크스 레닌주의 원리를 강의하고, '광둥 농민의 왕'이라고 불리는 유명한 공산당원 펑파이(彭湃, 1896~1929)가 농민운동 전개 방법을 가르치기도 했다.

사격 수업 장면

질의와 응답 우편함제도: 정치사상과 관련해 궁금한 점이 있으면 글로 써서 우편함에 넣는다. 매주 월요일마다 담당 교관이 질문을 정리해서 수업시간이나 토론회 시간에 상세하게 답변을 했다. 이런 학습 방법은 교사와 학생 사이에 교류할 수 있는 기회를 제공하고 정리된 문답은 훗날 『정치 문답집』으로 출판했다.

담화: 교관은 학생 개인의 상황을 이해하고 사상을 확인하기 위해 시간이 나면 불러 면담했다. 학생과 교관 사이에 친밀감이 형성되고 학생이 교관을 존중하는 분위기도 조성되었다.

이론과 실천 결합: 각 지역에서 일어나는 농민운동, 학생운동, 노동운동 등 각종 시위나 혁명에 참여하는 동기를 부여했다.

기타: 신문 『군인일보(軍人日報)』, 잡지 『화화(火花)』, 포스터 문집 등을 제작하고 연극 <황화강>, <자유를 달라>, <아편전쟁> 등 가무로 대중들을 교화하고 클럽 및 동호회를 조직해서 혁명을 홍보했다.

정치부가 조직한 혈화극사血花劇社 연극 장면.

도서 열람실

황푸군관학교 공산당 특별지부

황푸군관학교는 소련 홍군(紅軍) 제도를 모방하여 당부(黨部)를 설치했다. 학교의 전반적인 일은 당부 대표 총리 쑨원, 교장 장제스, 당대표 랴오중카이가 관할했다. 당부 산하에 지시를 받는 교수부, 교련부, 관리부, 군수부, 군의부, 정치부가 설치되었다.

정치부는 당대표의 지시를 따랐다. 초창기 정치 교육은 체계가 잡히지 않아 결국 국민당이 공산당에 도움을 요청했다. 국공합작을 원활하게 진행하라는 코민테른의 지시에 따라, 학교 내에 중국공산당 특별지부가 설립되었다.

1924년 가을, 프랑스 교육을 마치고 중국으로 돌아온 저우언라이(周恩來, 1898~1976)가 중국공산당 광둥구 위원회 군사부 부장으로 부임하면서부터 본격적인 정치부 활동이 추진되었다.

저우언라이는 중국 실정에 맞는 공산당 군대의 정치공작과 방안을 제정했다. 공산당 군대의 목적, 범위, 내용, 기풍 및 정치기관의 지위와 작용에 대해서도 비교적 자세하고 명확한 규정을 제정했다. 그리고 총명한 학생들을 비밀히 중국공산당에 가입시켰다.

러시아 고문 사무실

정치부 주임 저우언라이 사무실

중국공산당은 군교내에 공산당 세력을 확장하기 위해 국민당특별당부 집행부에 공산당원을 투입해 교무업무에 종사시켰다. 황푸군교의 중대와 소대에도 당 지부를 설치했다.

제3기부터 황푸군관학교 교내에 공산주의가 확산되고 세력이 증대했다. 공산주의자들은 청년군인연합회라는 공산당 소그룹을 만들었다. 『청년군인(青年軍人)』이라는 기관지도 발행해서 공산당의 주장과 이론을 소개했다. 교내에 공산주의를 수용하는 학생과 교관이 점점 증가했다. 교관과 학생들 사이에, 공산주의에 대한 관심과 공감대가 신속히 형성되었다. 직원이나 소조 모임, 각 청년단에도 상당한 공산당원들이 투입되었다. 이들은 당의 지도를 받으며 매주 정기, 혹은 연속 회의를 하면서 황푸군관학교 내 공산당 정치 공작 업무를 발전시켰다.

Whampoa Military Academy

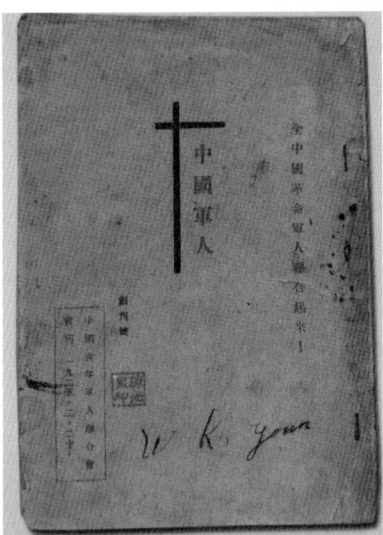
중국청년군인회가 출판한 『청년군인(青年軍人)』

혁명정신이 투철한 제1기생

 엄격한 훈련과 정신으로 무장한 황푸군관학교 제1기생은 단 2개월간 교육과 군사훈련을 받고 실전에 참전했다. 황푸군관학교 건립에 불만을 품은 광저우 상단(商團)이 혁명정부를 공격했다.

 '상단은 원래 광저우 상인을 보호하는 자위 부대이다. 1924년 10월, 광저우에 새 정권이 수립되니 위협을 느낀 광저우상공회 단장 천롄보(陳廉伯, 1884~1944)가 홍콩에서 영국으로부터 무기를 지원받고 2천여 명의 병사를 인솔해서 상공업계 파업을 주도하며 군관학교 설립을 방해했다.

 10월 15일, 비가 억수로 쏟아지는 날인데도 전쟁에 동원된 황푸군관학교 제1기생 학생군단 2개 대대는 조금도 대오를 흩트리지 않았다. 일사 분열하게 하늘을 찌를 듯한 기세로 행군해서 광저우 시내 시관(西關)에 소재하는 상단 총본부를 공격했다.

 전에 볼 수 없었던 혁명군인의 기세였다. 황푸군관학교는 원래 3년 과정이다. 제1기생은 수업을 6개월로 단축해서 짧은 기간 교육을 받았으나 훌륭한 혁명 군관의 실력과 모양새를 갖추었다.

Whampoa Military Academy

입교한지 2개월만에 상단을 진압하고 환호하는 황푸군관학교 제1기생

황푸군관학교 교도단

 황푸군교 측은 병력 수요를 충당하기 위해 입교생 편제 외에 일반사병 천여 명을 모집해서 교도단을 조직했다. 제1기 졸업생들이 대부분 교도단의 당 대표, 대대장 혹은 연대장 등으로 보직을 받았다.

 1924년 6월 황푸군관학교를 개교하고 곧이어 8월부터 교도단 창단을 준비하여 9월에 교도단 학병 72명을 공개 채용했다. 입단 시험에 응한 자 중에서 22명을 선발하여 교도단 대대장을 임명하고 10월부터 후먼(虎門)에서 교도단 훈련을 시작했다. 11월 20일, 황푸군관학교 교도단 두 개가 정식으로 성립되었을 때 교도단원은 모두 1,500명이었다.

Whampoa Military Academy

동정전쟁 시기 황푸군관학교 교도단.

1925년 6월 25일, 제1기생 졸업식

불모지 항공분야 개척

항공 분야는 불모지였다. 쑨원은 "항공 구국"이라는 기치를 들었다. 황푸군관학교를 설립한 그해 가을 소련 군사고문의 지도하에 군사 비행학교를 다샤터우(大沙頭)에 세웠다.

위험한 비행기술을 배우려는 중국인은 아주 적었다. 학생은 황푸군관학교 1기생 중에서 선발한 7명과 비행기 정비소에서 선발한 한인 박태하(朴泰下)와 김진일(金震一)등 10명으로 항공군사학교를 개교했다.

오른쪽 두 번째 박태하, 오른쪽 첫 번째 김진일

다샤터우 광둥항공학교

총보다 강력한 정치사상

황푸군관학교 제1기생은 쑨원을 타도하려는 두 차례 동정전쟁에서도 승리를 거두었다. 1925년, 광둥 군벌 천총밍이 쑨원을 타도하려고 두 차례 일으킨 전쟁이다. 동정전쟁이라고 한다. 제 1기생 600여 명, 제2기의 400여 명, 모두 천여 명이 동원되었다.

혁명군은 황푸군관학교의 학생군을 모두 합쳐도 겨우 3,000명이고, 적군은 2만여 명이었다. 전세가 위급해서 학교장 장제스와 정치 주임 저우언라이도 전쟁터에 나갔다. 제1기생중에는 입학하고 수업을 듣지도 못한 채 바로 전쟁터로 나간 학생들도 있었다.

적군은 학생군을 애숭이 군인으로 보았다. 그러나 투철한 혁명 의식을 가진 학생군은 죽음을 두려워하지 않는 용감한 전사였다. 겨우 6개월간 받은 군사훈련으로 혁명군보다 몇 배나 많은 광둥 군벌군을 격파했다.

혁명군의 정신에 감동한 노동자와 농민 대중들이 긴밀하게 협력하고 도왔다. 전투 경험이 없는 사병들이 실탄을 들고 실전을 치렀다. 동정 전쟁은 516명이란 엄청난 사상자를 냈지만 '동정 연합군'의 승리로 끝났다.

Whampoa Military Academy

혁명군이 광둥군벌 근거지 후이저우성 점령 후 기념사진

황푸군관학교 학생군은 비록 신병이었지만 혁명에 참여한다는 굳은 의지로 노련한 군벌 병력에 맞섰다. 혁명군 선봉대가 사다리를 타고 후이저우 성벽에 올라가 성문을 열고 견고한 혜주성을 함락해서 1925년 4월 22일 제1차 동정 전쟁을 승리로 이끌었다.

쑨원이 주장하는 총칼 외에 사상 무기. 즉 혁명정신이 혁혁한 승리의 원동력이었다. 장제스는 동정전쟁 승리로 인해 중국 전역의 군벌타도를 시작할 수 있었다.

천중밍을 타도하는 동정전쟁에서 희생한 516명을 기리는 동정진망열사 묘원 패방

3부. 국공의 협력

중국공산당 혁명 군대

1924년 전반기까지만 해도 중국공산당은 주로 노동운동과 노동투쟁 역량을 모았다. 무장투쟁보다 원론적인 이론을 강조하고 민중운동이 군사투쟁보다 중요하다고 인식했으며 공산당이 보유한 군대는 없었다.

두 차례 동정전쟁을 치른 저우언라이는 공산당 군사 투쟁의 중요함을 인식했다. 동정전쟁을 승리로 이끈 것은 황푸군관학교가 배출한 학생 당군(黨軍)이었다. 농민이 일어나 혁명군을 도왔다. 정부군처럼 나라를 지키려면 공산당도 군대를 보유해야 한다고 판단했다.

1925년 11월 21일, 저우언라이이는 공산당 간부를 중심으로 광둥 자오칭(肇慶)에서 국민 혁명군 제4군 12사 34단을 조직했다. 표면적으로는 국민당 혁명군이지만 간부들은 대부분 공산당원 혹은 공산 청년당원이었다. 내부에 공산당 지부를 설치하고 인사이동도 중공 광둥구위원회가 직접 배치했다.

단장이 예팅(叶挺, 1896~1946)이어서 예팅독립단이라고도 한다. 독립단은 비교적 큰 무장 폭동에 대처할 수 있을만한 3개 대대와 2개 직속대로 구성했다. 병력은 2,100여 명이어서 단독적으로 업무를 수행할 수 있는 정규군 군대 규모이다.

제4군 공산당 군대 독립단 깃발

공산당 군대가 조직된 자오칭 열강루

한국인 입교 특혜

황푸군관학교가 설립되기 전, 한인들은 주로 신규식(申奎植, 1879~1922)이 소개하는 윈난강무학당(雲南講武學堂)에서 군사 훈련과 교육을 받았다. 황푸군관학교가 설립되자 한인 청년들은 윈난에 비해 교통도 편리하고 교통비도 저렴한 광저우로 왔다. 상하이에서 배를 타고 홍콩까지 와서 다시 구광선(九廣線), 구룽-광저우 기차를 갈아 타면 곧바로 광저우에 도착한다.

쑨원이 세상을 떠나고, 1926년, 제2차 국민당 전국대표대회에 초청받은 여운형(呂運亨, 1886~1947)이 쑨원의 정권을 이어받은 장제스를 면담하고 한국 학생이 황푸군관학교에 입교할 수 있는 특혜를 받았다.

구광선 기차역 구지에 재연한 구광선九廣線 기차

국민혁명 북벌군 장병

⑴ 혁명동지로 인정할 때는 어떤 경우든지 막론하고 입학을 허가할 것.

⑵ 재학 중 학비와 식비를 면제하고 서적을 급여하며 피복과 용돈도 지급할 것.

⑶ 본교 졸업 후 이어서 2년간은 반드시 국민정부에 의무적으로 복무할 것.

⑷ 조선 독립에 대하여 기회가 있으면 이를 원조할 것.

⑸ 일국의 국가주의적 입장이 아닌 혁명정신을 보급하는 취지에서 양성할 것.

이상 각 사항은 조선인 대만인과 안남인에 국한한다.

한인 졸업생들은 졸업 후 24개월간 국민 혁명군에게 복무하고 그 후의 행로는 본인이 결정했다. 일부 한인 독립운동 지도자들은 황푸군관학교와 광둥 항공학교에서 훈련받은 한인 청년만으로 일천 명 규모의 조선혁명병단을 조직해서 국내로 침공해 직접 일제와 독립전쟁을 일으킬 계획도 세웠다.

황푸군관학교 졸업 후 국민당 군대에 복무하는 장흥(가운데). 독립기념관

농민운동 강습

중국공산당 군사위원회는 1926년 5월부터 9월까지 광저우 판위학궁에서 13주간 농민운동강습소를 운영했다. 소장 마오쩌둥(毛澤東, 1893~1976)은 '농민문제', '농촌교육', '지리'를 가르쳤다. 저우언라이도 강사로 참여했다.

농민운동강습소 6기를 운영하는 동안, 농민운동 간부 800여 명을 양성했다. 이들은 특파원이 되어 각지에서 농민운동을 선전하고 농민협회를 조직하여 제국주의와 봉건주의에 반대하는 노동 투쟁을 전개했다.

농민운동강습소 패방, 광저우시 중산4로 42호

농민강습소 숙사

국공을 분리한 중산함 사건

교장 장제스가 군교 내에 자신의 지시를 따르지 않는 독립적인 공산당 지부가 존재하는 것에 대해 크게 불만을 느끼고 있을 무렵, 국민당과 공산당을 분리하는 사건 하나가 발생했다. 중산함(中山艦)사건이라고 한다.

중산함은 청정부가 일본으로부터 구입한 대형 전투함이다. 원래 명은 영풍함(永豊艦)이었으나 쑨원 사후 중산함으로 개명했다.

1926년 3월 18일, 황푸섬 인근 해역에서 해적의 습격을 받은 상선 한 척이 순찰선을 파견해 보호해 달라고 황푸군관학교에 요청했다. 학교 측은 순찰선을 파견하지 않고 전투 수행이 가능한 중산함을 파견했다.

다음 날 3월 19일, 중산함이 황푸로 돌아온다는 보고를 받고 장제스는 그제야 자신의 지시없이 중산함이 출항했다는 사실을 알았다. 장제스는 이를 중국공산당이 자신을 암살하려고 조작한 군사 쿠데타로 오인하고 즉각 계엄을 선포했다. 중산함 함장 리지룽(李之龍, 1897~1928)과 관련된 사람들을 체포해서 구금했다.

1926년 蔣介石

 중산함 사건을 빌미로 학교 측은 교관과 학생을 대상으로 누가 공산당이고 국민당원인지를 명확하게 조사하고 구분했다. 일반 공산당원들은 국공 양당이 협력으로 혁명 공작을 전개했기 때문에 당적은 분리해도 관계없다고 생각했다. 그러나 교장은 학교 내 공산당 지부와 당내의 모든 소조직을 취소하고 공산당원은 탈퇴하고 학교를 떠나라는 명령을 내렸다.

중산함(中山艦) 중국근대사명함(中國近代史明艦). 난징 중산 선박 박물관

깨어진 동상이몽

황푸군관학교 창립 후 2년 동안은 국민당과 공산당이 전반적으로 협력을 잘하는 것처럼 보였다. 그러나 사실 중국혁명에 대한 국민당과 공산당의 관점은 근본적으로 달랐다.

학생들은 국민당이나 공산당 어디에든지 소속되어 어떤 방법으로든지 혁명 활동에 참여하기를 원했지만, 군교 내에 쑨원주의파와 공산주의파가 형성되고, 국공합작에 금이 가고 있었다.

공산주의가 급속히 확산하였다. 위협이 가중된 국민당 우파는 1~2년내에 공산당이 정권을 잡고 국민당을 대체할 가능성이 있다고 우려했다. 1925년 11월 23일, 국민당 우파 중앙집행위원들은 베이징 서산(西山) 벽운사(碧雲寺)에 안치된 쑨원 영전앞에서 공산당에 대응할 방안을 강구했다. 이들을 서산파(西山派)라고 한다.

서산파는 국공합작 취소 방법을 모색했다. 국민당내 공산당의 활동과 당적을 취소하고, 소련 고문 보르딘을 국민당의 정치 고문직에서 해임하기로 결의했다. 또 공산당의 청년 혁명연합회와 대항할 쑨원주의 연구학회도 조직했다.

청년혁명연합회는 이런 조치에 대해 정면으로 대항했다. 공산당은 공산주의를 반대하는 것은 쑨원의 유훈을 위반하는 범죄이며 국민혁명의 목적은 공산혁명에 있음을 공개적으로 천명했다.

 국공합작을 해체하자는 여론이 고조되었다. 코민테른은 국공합작을 유지하고 정책에 따라 군교 내부의 좌·우파 대립 문제를 처리하라고 지시했다. 그러나 코민테른으로부터 중국혁명을 담당하라고 파견된 보르딘은 중국 현지 실상과 코민테른 지시 사이에 존재하는 모순을 잘 알기 때문에 국공 충돌에 대해 어떤 확고한 결정을 내리지 못하고 피동적으로만 대응했다.

 황푸군관학교 교직원과 학원 1만 명 중에 공산당원이 2천여 명으로 증가했다. 그 사이 중국 공산당과 국민당 좌익이 한편이 되고 국민당 우파가 다른 한편이 되어 국공투쟁은 한동안 더 첨예해졌다. 쑨원 사후, 국민당 개조에 앞장섰던 국민당 좌파 랴오중카이를 국민당 우파가 암살했다. 황푸군관학교 내부의 좌·우파 대립은 더욱 심각해졌다.

국민당 좌파 랴오중카이

국민당정부당사 구지에 세워진 랴오중카이 기념비, 중화전국총공회(中華全國總工會) 구지, 웨슈난로89号

Whampoa Military Academy

4부. 국공합작의 결렬

중앙군사정치학교
북벌전쟁은 조국 해방의 첫 발걸음
차오저우 분교
공산당이 상하이 시민정부 수립
공산당을 숙청한 '청당' 정변
황푸군교의 청당
우한분교 폐교
눈은 눈으로, 공산당의 반격
광저우 황푸군관학교 폐교
난징중앙육군군관학교
청두(成都)본교 시기

중앙군사정치학교

쑨원이 서거하고 대원수부는 국민정부로 개편되었다. 전국에 광시군(廣西軍), 상군(湘軍), 윈난군(滇軍) 등 지방 군벌이 운영하는 사관학교가 있었다. 명목상으로는 혁명정부 소속이지만 학교마다 각자의 정령(政令)과 군령(軍令)이 있어 통일적인 관리를 할 수 없었다. 전국의 모든 사관학교를 청천백일(靑天白日) 깃발 아래로 집결해 통일된 군정을 실시할 필요가 있었다.

1926년 3월 1일, 국민정부 군사위원회는 황푸군관학교를 중앙군사정치학교로 개명했다. 전국에 소재하는 양호한 사관학교와 강무당(講武堂)을 인수해서 재정과 교사를 일괄 관리했다.

중앙군사정치학교 교문

쑨원 추도회

북벌전쟁은 조국 해방의 첫 발걸음

 1926년 7월 1일, 장제스는 쑨원의 유지(遺志)를 받들어 군벌 세력을 소탕하고, 국민혁명을 완수하기 위해 우한을 진공한다는 "북벌 전쟁 동원령"을 내렸다. 광둥국민혁명군은 6개 군대와 광시와 후난의 2개 군대 등 약 10만여 명이다.

 혁명군이 타도해야 할 북벌군은 북양군벌, 안후이군벌, 직계 군벌은 모두 75만명이었다. 광둥에서 출발한 국민혁명군이 불과 1년 사이에 베이징을 점령하고 북양군벌 통치에 큰 타격을 입혔다.

 1926년 중반부터 장제스는 황푸군관학교를 전초기지로 삼고 북벌 전쟁을 시작했다. 황푸군관학교를 졸업한 한인 사관들은 우리에게 특혜를 준 장제스의 정책을 외면할 수 없어 국민 혁명군 소위로 임관되어 북벌군 및 각급 부대에 배속되었다.

 한인 사관들은 중국이 북벌전쟁을 완수하고 혁명이 성공하면 그 다음으로 혁명군이 한국의 독립을 지원해 줄 것으로 믿었다. 그래서 혁명군이 광둥의 군벌 세력을 격파하고 북진하여 승승장구할 때, 북벌 전쟁에 참여한 한인들은 마치 조국의 해방을 눈앞에 보는 듯했다.

1927년 7월 9일. 장제스가 북벌 전쟁 출전을 선언하는 장면.

 장강을 넘어 북으로, 북으로, 전진하고 그 여력으로 한국까지 진격하여 일제를 몰아낼 수 있다는 열망을 안고 온 열정과 성의를 다해 북벌 전쟁에 종군했다. 1926년 가을 북벌 전쟁이 한창 치닫고 있을 때, 북벌군 사령관 장제스는 전쟁터에서 한인 사병들에게 다음과 같은 요지로 연설을 했다.

"중정(中正, 장제스의 호)이 이번 북벌의 목적을 달성하면서 만족을 느꼈다. 우리 한국인 동지들이 일을 떠나 노력하는 그 혁혁한 정신에는 실로 감사를 다 표현할 수 없다. 그 증거로 동정 전투, 우한을 공격하는 전투 등에서 한국 장병들이 성심성의로 크게 분전하여 한 걸음도 물러서지 않고, 많은 희생에도 불구하고 용감하게 행동한 것은 실로 의지가 강했기 때문에 우리 군대가 백전백승을 할 수 있었다. 제군은 이와 같은 백절불굴의 정신으로 장차 더욱더 분투하기를 간절히 기대한다."

이러한 긍정적인 평가를 받은 한인 청년들은 북벌 전쟁의 성공이 곧 한국독립의 첫걸음이라고 믿고 중국국민당이 추진하는 북벌 전쟁이나 중국공산당이 추진한 난창(南昌)봉기, 광저우봉기 등 중국 혁명 활동에 기꺼이 참여했다.

1927년 남방혁명군 모습

차오저우 분교

황푸군관학교는 북벌 전쟁을 진행하는 동안 혁명군이 점령한 지역에 분교를 세워 군인을 모집하고 훈련해서 병력을 보완했다. 차오저우(潮州) 분교가 제일 먼저 세워졌다.

1925년 3월, 차오저우 분교는 광둥 군벌 천중밍을 토벌하려고 동정전쟁에 종군한 제2기생들에게 보충학습을 실시하고 신병을 모집했다. 학교 위치는 차오타이마로(潮台馬路), 현 중산로 이씨 사당(李厝祠)이다. 학생은 약 400명이었다.

차오저우 분교에 신원을 알 수 없는 한인 한 모 군과 최 모 군이 차오저우 분교를 졸업하고 하급 관리로 복무했다.

1938년부터 국민정부군사위원회는 난창, 창사(長沙), 뤄양(洛陽), 청두(成都), 우루무치(烏魯木齊)에 세운 분교를 통합 관리했다. 교학 내용과 방법도 같았으며 통일적으로 관리하다가 항일전쟁 종결 후 분교는 문을 닫았다.

황푸군관학교 차오저우 분교 구지, 차오저우시 중산로 이씨사당

4부. 국공합작의 결렬

공산당이 상하이 시민정부 수립

 국공합작으로 북벌 전쟁이 성공하고 중국을 통일한다면 국민당과 공산당 중 누가 집권을 할 것인가? 중국공산당 입장에서는 현 집권당 국민당 정권을 타도하고 권력을 장악해야 했다. 중국공산당은 여러 차례 쿠데타를 일으켜 정권 탈환을 시도했다.

 중앙군사위원회 서기 저우언라이가 지휘해서 상하이 시민 정부를 조직했다. 치안을 유지한다는 명목으로 수천 명 무장규찰대를 조직하고 이들을 합법적인 명분으로 훈련시켰다. 저우언라이는 주도면밀하게 지휘하면서 광범위한 지역의 시민을 집결해서 대규모 쿠데타를 준비했다.

 1927년 3월 21일 새벽, 중국공산당 상하이구위원회가 북벌군의 보호를 받으며 제3차 무장봉기를 일으켰다. 21일 낮 12시. 상하이 황푸강에 정박해 있던 배가 사이렌을 울리고 황푸강 상공에서 굉음이 울리는 순간 모든 전차가 멈추고, 공장이 멈췄다. 배가 닻을 내리는 순간 상하이 80만 시민이 총동맹 파업에 들어갔다. 다음날 3월 22일, 제2차 상하이 시민 대표대회를 개최하고 상하이 시민정부 수립을 선포했다.

공산당이 지휘한 상하이 노동자 시위 장면. 1927년 2월

4부. 국공합작의 결렬

공산당을 숙청한 '청당' 정변

중국공산당은 난징(南京)에서도 쿠데타를 일으켰다. 외국인을 상대로 대규모 폭동을 계획하고 실천에 옮겼다. 북벌 전쟁차 난징에 입성한 혁명군 제6군 부대는 제국주의 타도를 외치면서 삽시간에 영국인 재산을 약탈하고 미국인 선교사를 사살했다. 공산당 횡포에 당황한 영국과 일본 함대가 출동해서 난징을 포위했다.

이런 공산당의 책동으로 장제스의 국민당은 치명적인 타격을 받았다. 1927년 4월 12일, 국민당 우파 원로집행위원과 감찰위원회들은 공산당을 숙청하는 '청당(淸黨)'을 결의하고 곧바로 행동에 옮겼다. 다음 날 국민당 경찰이 갑자기 상하이의 공산당 기관을 급습하고 불량배를 동원해 주요 간부들을 살해했다.

1927년 4월 18일, 국민당 원로급 집행위원과 감찰위원들이 난징을 수도로 선언하고 국민정부 수립을 선포했다. 난징정부를 수립하던 날, 군에서 축하 열병식을 거행했다. 열병식이 끝나자마자 동로군 총지휘 부대에 있던 소련 고문들 모두 우한으로 추방했다.

처결한 공산당원 시신을 전시용으로 거리에 방치한 모습, 1927년 4월 18일

난징국민당정부 수립 기념행사 장면

황푸군교의 청당

1927년 4월, 부교장 리지선(李濟深, 1885~1959)이 황푸군관학교에 좌파를 단속한다는 '청당' 소식을 전달했다. 광저우 '청당' 중점 대상은 황푸군관학교였다.

1927년 4월 15일, 황푸군관학교 해안가를 봉쇄했다. 부대마다 "공산당이 국민당의 당(黨), 정(政), 군(軍) 대권을 탈취해서 국민당을 소멸하려고 함으로 교장이 공산당 전원을 학교에서 정리하려고 한다"라는 포고문이 내 걸렸다.

교장은 학교의 모든 공산당원은 3일 이내에 보고하든지 아니면 휴가를 신청하고 학교를 떠나라고 명령했다. 4월 17일 밤, 군인들이 소지한 무기를 몰수하고 공산당원들이 체포되었다.

18일 아침 호각 소리와 함께 교본부와 학생 제1대, 경리대가 구락부에 집합했다. 교육장이 나와서 "지금부터 국공을 분리하려고 하니 공산당원은 세 걸음 앞으로 나오고 국민당원은 움직이지 제자리에 서 있으라"라고 소리 질렀다.

광저우시 난스터우(南石頭) 감옥 본부 구지

이렇게 불려 나온 공산당원 400여 명은 체포되었다. 이들은 위주강(魚珠江)에 떠 있는 몇 척의 연결된 배에 갇혀있다가 후먼(虎門) 요새 감옥으로 보내졌다. 중산함에 구금된 공산당원 20명은 한밤중에 난스터우(南石頭) 감옥으로 보내져 처형당했다.

'청당' 운동은 국공 사이에 잠재되어 있던 균열을 표면화시키고 국공합작의 동상이몽을 완전히 깨트렸다. 어제의 동지가 오늘은 원수로 변하고 어제의 혁명자가 오늘의 반혁명자가 되었다.

Whampoa Military Academy

체포된 공산당원을 현장에서 사살하는 장면

우한분교 폐교

1926년 가을, 황푸군교 5기생 포과(砲科), 공과(工科) 학원이 북벌전쟁에 참전하면서 우한(武漢)으로 집단 전학을 했다. 1927년 2월 12일, 광저우 본교 전학생과 우한에서 모집한 신병 1,200여 명으로 우한분교를 개교하고 그해 3월, 황푸군관학교 우한분교는 중앙군사정치학교로 개명했다. 교장은 장제스였으며 광저우 본교처럼 군사 교육과 정치 교육을 병행했다.

북벌군이 우한을 점령한 것은 국공합작의 성과이다. 국민당 좌파 왕징웨이(汪精衛, 1883~1944)가 장제스를 반대하고 공산당에 편향했다. 국민당 좌파가 공산당과 협력해서 중국을 통일한다면서 공산당의 지위와 기세를 높여 주고 우한 국민당 정부를 수립했다.

그런데 1927년 7월 18일, 왕징웨이도 반공 정책을 발표했다. 우한 정부는 공산당원과 좌파 인사를 체포하고 구금시켰다. 재학중이던 우한 중앙 군사정치학교는 5기생을 서둘러 졸업시키고 8월에 문을 닫았다. 우한 중앙군사정치학교의 교관과 학생 4천여 명은 무기를 반납하고 갈 곳이 없어졌다. 우한 정부의 왕징웨이는 난징의 장제스 정부와 합류했다.

우한분교 여군 러시아 이주 한인 후손 오지숙양

4부. 국공합작의 결렬

눈은 눈으로, 공산당의 반격

1927년 12월, 탄압을 받던 중국공산당이 코민테른의 지휘하에 광저우 국민당 정권 전복을 시도했다. 광저우를 지키는 국민당 주력군이 광시(廣西) 계열 군벌과 전쟁하러 나가 광저우에 군사력이 미약한 시간이었다. 공산당은 노동자, 학생, 군인 등 6천여 명을 동원해서 폭동을 일으켰다. 광저우 코뮌이라고 한다.

광저우 코뮌기간, 황푸군관학교의 학생군과 교도단이 주력군이었으며 '적위대(赤衛隊)'라는 이름으로 활동했다. 국민당 군력은 3일 만에 반격해서 폭동을 진압했다. 광저우 경비사령부는 공산당원처럼 보이는 사람은 현장에서 총살했다. 서양 양복을 입은 민간인이라도 공산당원으로 보이면 모두 처형을 했는데 약 5000여 명이 죽었다.

광저우 코뮌 희생자를 기리는 기념비, 열사능원 소재

열사능원

광저우코뮌 희생자 5천여 명을 기리는 합장묘, 열사능원 소재

Whampoa Military Academy

광저우 황푸군관학교 폐교

장제스는 광저우 황푸군관학교를 폐교하고 국민정부가 소재하는 난징(南京)에 중앙육군군관학교를 설립했다. 학교 이전을 예정하고 황푸군관학교 6기부터 입교생을 1총대와 2총대로 분류해서 모집했다. 6기 1총대와 7기 1총대는 난징의 중앙육군학교로 전학하고 6기 2총대와 7기 2총대는 광저우에 남아 6기와 7기생은 광저우와 난징에서 각각 졸업했다.

광저우 코뮌 후 황푸군관학교는 일시 교무가 중단되었다. 1929년 9월, 7기생 2총대가 졸업하고 광저우의 중앙 군사정치학교는 입학을 중지하고 1930년 10월에 교무를 마무리했다.

1928년 5월부터 부교장 리지선이 교명을 국민혁명군군관학교(國民革命軍軍官學校)로 개명하고 학생을 모집해 황푸군관학교를 대체해서 운영했다. 국민혁명군군관학교는 난징의 육군군관학교와 한동안 병존했다.

황푸군관학교를 인수해서 개교한 국민혁명군군관학교 교문

난징중앙육군군관학교

난징에 세워진 중앙육군군관학교는 각지 분교생을 모집해서 황푸군관학교 6기를 계승했다. 1927년 5월, 광저우, 우한, 창사(長沙)의 황푸군관학교 분교생, 학병단 학병, 푸젠(福建) 육군간부학교 보병, 포병, 공병, 교통, 치중대 등 3,534명이 난징 중앙육군군관학교 6기에 편입했다.

중앙육군군관학교는 1928년부터 교사, 숙사, 도서관을 증축하여 건물 70여 동, 천여 칸 교실로 확장했다. 1937년 본격적인 중일전쟁 발발하기까지 10여 년간 6기부터 13기를 운영하여 수만 명의 초급, 중급 간부를 배출하고 학교에는 큰 변화가 없었다.

난징 중앙육군군관학교 교문

중앙육군사관학교 깃발(中央陸军军官学校旗)

청두成都본교 시기

국민당 정부는 일본군의 간섭을 받았으나 1928년 12월 29일, 장쉐량(張學良, 1901~2001)이 "삼민주의를 준수하고 국민정부에 복종하겠다는 기치로 투항하여 명목상 국민당 난징정부가 중국을 통일했다.

1937년 7월 7일, 본격적인 항일전쟁이 발발했다. 8월 중하순경에 청두분교 제11기생이 졸업하고 즉시 부대에 배속되어 전장으로 나갔다. 나머지 재학 중인 학병들은 스촨, 주강(九江), 우한을 경유해 1939년 초, 원래 있던 청두분교에서 합류했다.

1949년 말, 청두군관학교가 대만으로 철퇴하기 전까지 14기부터 23기까지 13년간 최다수 학생을 배출했다. 이 시기를 청두본교시기라고 한다. 항일전쟁의 필요에 따라 청두본교는 3년 학제를 2년으로 개편했다. 항일전쟁 8년간 속성이지만 규범적으로 약 4,000여 명의 군사간부를 배출했다.

일제 투항 후, 4년간 중국은 국공내전을 치렀다. 청두군관학교는 육군군관학교로 개명하고 일반적인 초급 군인을 양성했다. 1949년 12월, 중국공산당이 청두를 점령하여 육군군관학교는 대륙에서의 역사를 마치고 대만으로 이동했다.

Whampoa Military Academy

청두 중앙군관학교 교문

나가는 말

황푸군관학교가 대륙에서 25년간 존속하는 동안 광저우 창저우도(長州島)에서의 역사가 가장 휘황하다. 초창기 학교명은 '육군군관학교'이고 시기와 지역에 따라 학교명이 조금씩 다르지만 어느 지역이나 일반적으로 황푸군관학교라고 통칭한다.

황푸군관학교는 1925년부터 1927년까지 3년간 7기를 운영하며 약 1만 명을 배출했다. 분교생을 포함하면 약 3만 명의 군사 지도자를 양성했다.

혁명의 아버지라고 불리는 쑨원이 배출한 인물이다. 이들 중에는 국민당과 공산당을 떠받친 대들보 같은 인물들이 있다. 그뿐만 아니라 조선, 몽고, 인도, 베트남, 싱가포르 등 동방의 피압박민족의 동아시아의 혁명 청년들도 양육했다.

1925년 쑨원은 간암으로 세상을 떠났다. 그가 남긴 유훈 "혁명은 아직 성공하지 않았으니 동지들이여 계속해서 노력하시오. 革命尚未成功, 同志仍需努力"라는 글귀가 아직도 황푸군관학교 구지 기념관 입구 양쪽 벽에 쓰여 있다.

황푸군관학교에는 약 250여명의 피끓는 한인청년들이 빼앗긴 조국을 찾으려고 군사훈련을 받으며 내뱉은 거친 숨소리가 스민곳이다. 황푸군관학교 창립100주년을 맞이하여 이 장소를 기념하고 기억한다.

革命尚未成功, 同志仍需努力

혁명은 아직 성공하지 않았으니
동지들이여 계속해서 노력하시오.

황푸군관학교 학생 묘원

황푸군관학교 제6기생 김근제, 안태 묘비

참고문헌

20p 진리를 찾아나선 모험
史扶隣,「孫中山早期的影響」,『孫中山與中國革命的起源』, 中國社會科學出版社, 1985.7
24p 도를 넘은 중화우월의식
姬田光義, 阿部治平 外,『中國近現代史』, 일월서각, 1997.9
26p 아편연기에 찌든 대청제국
胡繩,『阿片戰爭到五四運動』, 人民出版社, 1982.5
32p 노화한 고대 황실을 폭파하고 새로 짓자.
「人盡其才, 地盡其利, 物盡其用, 貨暢其流」,『孫中山文集』下, 團結出版社, 1997.12
34p 청나라와 결별, 변발자르고 양복입다.
張磊,『路上民主革命的道路』,『孫中山評傳』, 廣州出版社, 2000.11
36p 우연히 성공한 신해혁명으로 중화민국 수립.
馮自由,『革命逸史』下, 新星出版社, 2009.1
38p 고양이한테 생선맡기듯, 대총통직 양위
李宗一,『袁世凱傳』, 中華書局, 1980.11
42p 중화민국 헌법 수호
李穗梅,『孫中山大元帥府』, 廣東人民出版社, 2007.8
44p 두 달만에 실패한 호법 전쟁
李穗梅,『孫中山大元帥府』, 廣東人民出版社, 2007.8 , 손중산 연구학회,『손중산문집』단결출판사, 1997.11

50p 국공합작으로 세운 군사학교
「救國與救民」,『國民革命與黃埔軍校』황푸군교 80주년 논문집, 吉林人民出版社, 2004.5
54p 부하에게 맞은 뒤통수
「陳炯明圖粤之夢想」,『東征史料選編』, 廣東人民出版社, 1992.12
56p 불편한 협력
李明,「創辦軍校 挽救危亡」,『黃埔軍校』, 廣東人民出版社, 2005.4
60p 국공합작을 앞두고
壽孝鶴, 李雄藩, 孫庶玉,「1949~1985 中華人民共和國資料手冊」, 社會科學文獻出版社, 1986.12
62p 군사학교 시찰단 파견
李明,「創辦軍校 挽救危亡」,『黃埔軍校』, 廣東人民出版社, 2005.4
64p 좌익으로 기운 국공합작
汪叔子,「黃埔軍校的歷史地位與黃埔軍校史研究之重視程度」,『黃埔軍校研究』(第一輯), 廣東人民出版社, 2006.6
66p 소련이 보내온 돈과 무기로
「長州島—黃埔軍校」, 黃埔軍校舊地記念館 編,『黃埔軍校』, 廣東人民出版社, 2005.4

72p 육군군관학교 개교
李明,「創辦軍校挽救危亡」,『黃埔軍校』, 廣東人民出版社, 2005.4
「敎授部」, 黃埔軍校舊地記念館 編輯,『黃埔軍校』, 廣東人民出版社, 2005.4
78p 학과
陳maintains茜,「黃埔軍校的日常規則」,『黃埔軍校研究』(第一輯), 廣東人民出版社, 2006.6
82p 교육내용
「敎授部」, 黃埔軍校舊地記念館編,『黃埔軍校』, 廣東人民出版社, 2005.4
90p 자율적인 사관 정치 교육
廣東革命歷史博物館編,「敎錬部: 知行合一訓育人才」『黃埔軍校』, 廣東敎育出版社, 2014.5
94p 황푸군관학교 공산당 특별지부
「政治部」, 黃埔軍校舊地記念館編,『黃埔軍校』, 廣東人民出版社, 2005.4
98p 혁명정신이 투철한 제 1기생
黎令勤,「黃埔軍校的創建與發展」,『黃埔軍校研究』(第一輯), 廣東人民出版社, 2006.6
100p 황푸군관학교 교도단
廣東革命歷史博物館編,「敎錬部: 知行合一訓育人才」『黃埔軍校』, 廣東敎育出版社, 2014.5

102p 불모지 항공분야 개척
黃漢剛,「創辦飛機學校」,『孫中山在廣州』, 廣東人民出版社, 1996.10
104p 총보다 강력한 정치사상
「東征陣亡烈士墓園」, 黃埔軍校舊地記念館編,『黃埔軍校』, 廣東人民出版社, 2005.4
108p 공산당 혁명 군대
廣東革命歷史博物館編,「北伐記念碑: 血戰沙場謀統一」,『黃埔軍校』, 廣東教育出版社, 2014.5
110p 한국인 입교 특혜
「在廣 朝鮮軍人會에 관한 件」,『不逞團關係雜件, 朝鮮人의 部, 在支那各地』
(4) 발신일1926.6 일본외무성 기록, 국외항일운동자료, [DB/OL] 한국사데이터베이스.
114p 농민운동 강습
「第一至六屆農民講習所槪況」,『廣州農民運動講習所資料選編』, 人民出版社, 1987.11
116p국공을 분리한 중산함 사건
李明,「風雲突變禍起蕭墻」,『黃埔軍校』, 廣東人民出版社, 2005.4
張葆英,「中山艦事件」,『廣東文史資料存稿選稿』第5卷, 廣東人民出版社, 2005.1
120p 깨어진 동상 이몽 랴오종카이 암살
高明軒,「廖仲愷」,『民國人物傳』第2卷, 中華書局, 1980.8

126p 중앙군사정치학교
李民涌,「從黨立學校到國辦學校— 黃埔軍校名 變更 探析」,『國民革命與黃埔軍校』
황푸군교 80주년 논문집, 吉林人民出版社, 2004.5
128p 북벌전쟁은 조국 해방의 첫 걸음
廣東革命歷史博物館編,「敎鍊部: 知行合一訓育人才」『黃埔軍校』, 廣東教育出版社, 2014.5
132p 차오저우 분교
丘懋高,「黃埔軍校潮州分校槪述」,『黃埔軍校回憶錄全集』, 廣東文史資料 第37輯 廣東人民出版社, 1982.12
134p 공산당이 상하이 시민정부 수립
石仲泉陳登才,「上海工人起義的總指揮」,『周恩來的故事』紅旗出版社, 2011.11
136p 공산당을 숙청한 청당 정변
李公俠,「在黃埔軍校所看到的兩派鬪爭」,『黃埔軍校回憶錄全集』, 廣東文史資料第37輯廣東人民出版社, 1982.12
138p황푸군교의 청당
張如屛,「黃埔師生石頭監獄」,『黃埔軍校回憶錄全集』, 廣東文史資料第37輯廣東人民出版社, 1982.12
142p 우한분교 폐교
冼大啓,「武漢分校始末」,『黃埔軍校回憶錄全集』, 廣東文史資料 第37輯 廣東人民出版社, 1982.12
144p 눈은 눈으로 공산당의 반격
沈維昌,「廣州起義前後槪況」,『廣東文史資料存稿選輯』第4卷, 廣東人民出版社, 2005.
148p 황푸군교 폐교
劉勉,「黃埔軍校第6期讀書回憶」,『黃埔軍校回憶錄全集』, 廣東文史資料第37輯廣東人民出版社, 1982.12
150p 난징중앙육군군관학교
李明,「各奔西東 軍校變遷」,『黃埔軍校』, 廣東人民出版社, 2005.4
152p 청두분교시기
林小玲,『黃埔軍校 圖誌』, 廣東人民出版社, 2010.9

강정애

황푸군관학교
Whampoa Military Academy
일제강점기 독립운동 기지
The Korean Independence Movement
Base During the Japanese Colonial Rule

© 2024 livingwave / ISBN: 979-11-986945-0-8 / 2024년 7월 13일 초판 1쇄 인쇄 / 발행 및 편집: **livingwave** / 등록번호: 2024000024 / 이메일: welcomesmilework@gmail.com / 디자인: hyungman / 이 책에 대한 저작권은 저자 또는 출판사에 있습니다. 수록된 내용의 일부 또는 전체를 무단으로 복제 및 발췌하는 것을 금합니다.